초등 노트 필기의 기술

온라인 수업에서 자기 주도 학습까지

초등 노트 필기의 기술

서휘경, 이윤희, 이주영, 좌승협 지음

멀리깊이

 머리말

온라인 수업의 확실한 무기!
필기하는 아이가 우등생이 됩니다!

온라인 수업 환경에서 가장 중요한 능력

인간은 모든 내용을 기억할 수 없어서 메모를 합니다. 학습도 똑같습니다. 모든 내용을 기억할 수 없고, 한 번 본 내용을 바로 이해할 수 없어서 '노트'라는 도구를 사용합니다.

최근 코로나 19로 인해서 학습 환경이 급격하게 바뀌고 있습니다. 학생들은 이전에는 경험하지 못했던 방법들로 수업에 참여하고 있습니다. 교실 안에서 교사와 마주 보며 수업하는 환경에서 벗어나 스스로 학습할 내용을 확인하고, 혼자 힘으로 학습 상태를 점검하는 온라인 수업 환경에 적응해야 합니다. 이를 위해서는 학생이 자기 주도적 학습을 할 수 있어야 합니다. 자기 주도적으로 학습하는 학생은 학습의 주체가 되어 학습활동의 전 과정에 적극적으로 참여하기 때문입니다.

자기 주도적으로 학습하는 학생과 그렇지 않은 학생 간의 학업

성취도와 공부에 대한 자신감에는 차이가 있습니다.

왜 학생 간에 수준 차이가 있고 공부에 대한 자신감에 차이가 있을까요? 많은 학생을 관찰하고 면담하면서 발견한 것이 있습니다. 바로 자신이 이해한 내용을 바탕으로 정리한 학생과 그렇지 않은 학생 간의 실력 차이가 크다는 것입니다. 즉 자기 주도적으로 학습하는 학생은 어떤 내용을 학습하더라도 자신만의 방법을 통해서 학습 내용을 정리하고 다양한 문제 상황에 적용했습니다. **이 중 대다수 학생이 노트 필기를 통해서 자신이 학습한 내용을 기록하고 반복해서 복습하는 습관을 갖고 있었습니다.**

시험 기간이 되면 많은 학생이 시험공부를 하기 위해 교과서, 참고서를 펼쳐서 공부합니다. 하지만 무엇이 중요한지, 선생님께서 시험에 나온다고 한 부분은 어디인지 정리가 안 되어 있기 때문에 학생들은 갈팡질팡합니다.

만약 공부를 잘하는 학생이 정리한 노트와 교과서를 빌려 벼락치기를 한다면 어떨까요? 시험을 잘 보게 될까요? 아마 대다수 학생은 크게 성적이 오르지 않을 겁니다. 이유는 간단합니다. 내가 정리하지 않는 노트는 아무 효과가 없기 때문입니다. 다른 사람이 정리한 글이 아무리 뛰어나도 공부한 내용을 나의 것으로 만들기 위해서는 시간과 노력이 필요합니다. 또 나의 학습 수준에 맞춘 노트 필기가 아니기 때문에 큰 학습 효과를 보기 어렵습니다. 그러므로 나의 언어로 노트를 정리할 때 의미 있는 학습 효과를 기대할 수 있습니다.

자기 주도 학습의 첫 걸음, 노트 필기

학생들에게 '왜 노트 필기를 하지 않니?'라고 물으면 많은 학생이 이렇게 대답합니다.

"노트 필기를 어떻게 하는 건지 모르겠어요."

아이들 입장에서는 당연한 반응입니다. 중요성에 대해서는 귀가 아프게 들었더라도, 어떻게 필기를 하면 되는지 배워본 경험이 없기 때문입니다. 필기를 할 수 없는데 자기 주도 학습을 한다는 것은 어불성설입니다. 왜 이렇게까지 노트 필기가 중요한 걸까요?

첫째, 노트 필기는 학생들이 자기 주도적 학습을 할 수 있게 도와주는 도구입니다

자기 주도적 학습 습관이 몸에 배지 않은 학생은 중학교에 올라가서도 자기 주도적으로 학습하는 데 어려움을 느낍니다. 무엇을 적어야 할지, 무엇을 이해해야 할지 등을 스스로 노트에 필기해본 경험이 없기 때문입니다.

노트는 자기 주도 학습의 가장 기본적인 도구입니다.

노트를 통해서 오늘 배운 내용을 정리하면 결과뿐만 아니라 과정을 이해하고, 내가 이해한 내용을 확인할 수 있습니다. 또한, 내용을 그대로 옮겨 적는 게 아닌 나의 언어로 바꿔서 정리하기 때문에 스스로에게 질문하고 답하여 자신의 이해 수준 등을 점검할 수 있습니다.

둘째, 다양한 방법으로 배운 내용을 정리할 수 있습니다

　노트 필기를 할 때 다양한 방법을 이용할 수 있습니다. 예를 들어 글, 그림, 도형, 그래프 등이 대표적인 방법입니다. 이 방법은 단순히 수업 내용을 문자 그대로 기록하지 않고 문자와 다른 매체들을 활용하기 때문에 기억하는 데 유리합니다. 그리고 학생의 학습 태도가 적극적으로 바뀝니다. 지루하게 글만 쓰는 노트 필기에서 벗어나 다양한 방법을 활용한 노트 필기를 시작한 학생은 창의적인 방법으로 자신의 사고 과정을 기록하기 시작합니다. 적극적인 학습으로 바뀌면 궁금한 점이 생기고 궁금한 점을 찾기 위해 교과서, 참고서 등을 활용합니다. 이 과정에서 학습이 이루어지고 내가 찾은 답은 머릿속 깊이 저장되기 때문에 학습 효과도 올라갑니다.

셋째, 수업 시간에 선생님의 말씀에 집중할 수 있습니다

　노트 필기에 익숙한 학생은 자신의 언어로 내용을 정리해야 하므로 수업 시간에 집중합니다. 중요한 내용이 무엇인지 파악하고, 모르는 내용은 표시해야 하기 때문입니다.

　수업을 듣기 전, 노트를 활용해서 이전에 배운 내용을 복습한 후 오늘 배울 내용을 살펴봅니다. 그리고 중요한 게 무엇인지 머릿속에서 정리하기 시작합니다.

　수업을 듣는 중에는 선생님의 말씀에 집중하면서 중요한 내용을 적고 표시합니다. 또 수업 중 질문이 있으면 노트에 적고, 수업이 끝나면 선생님께 질문한 후 답을 적습니다.

요령이 있는 학생은 수업 중 필기를 할 때 예쁜 글씨로 적기보다 알아볼 수 있는 정도로 필기하고, 수업이 끝난 후 나의 언어로 노트를 필기할 때는 형식에 맞춰 보기 좋게 필기합니다.

이 모든 과정이 노트 필기를 시작하면서 생기는 변화의 모습입니다. 자기 주도적으로 학습하는 데 노트만큼 효과적인 도구는 없습니다.

온라인 학습의 유일한 대안

학부모님께서는 자녀가 오늘 공부한 내용을 잘 이해했는지 제대로 공부했는지를 확인하고 싶지 않으신가요? 종종 자녀의 교과서와 참고서 등을 펼쳐보지만, 얼마나 잘 이해하고 있는지 알 수 없어서 답답한 마음만 드실 겁니다. 노트 필기를 꾸준히 하는 학생은 다릅니다. 노트 필기를 꾸준히 하고 있는 학생의 노트를 살펴보면 많은 정보를 얻을 수 있습니다. 수업을 듣는 동안 학생이 얼마나 선생님의 말에 집중했는지 알 수 있고, 개념 이해 과정을 확인할 수 있습니다. 또 학생이 무엇을 이해하지 못하는지도 쉽게 파악할 수 있습니다.

갑작스런 온라인 수업으로 학부모님의 고민이 많으실 겁니다. 이제 이 고민을 '노트 필기'를 통해서 해결해보는 건 어떨까요? 자기 주도적으로 학습할 수 있는 학생이 앞으로의 미래입니다.

아이들을 생각하며
2020년 가을 서휘경·이윤희·이주영·좌승협

차례

머리말 　온라인 수업의 확실한 무기!
필기하는 아이가 우등생이 됩니다! 4

PART 1 필기 전, 반드시 알아야 할 노트 정리의 모든 것

1. 과목과 목적에 맞는 노트 만들기

01 칸 나누기
- 첫 번째 　핵심 개념형 노트 필기 16
- 두 번째 　T자형 노트 필기 17

02 구성 방법
- 첫 번째 　마인드맵 18
- 두 번째 　비주얼씽킹 20
- 세 번째 　씽킹맵 22

PART 2 과목별 노트 필기의 모든 것

1. 글의 흐름과 주제 파악이 중요한 국어 노트
01 요약하기 영역 32　　02 글쓰기 영역 36　　03 개념 정리 영역 44

2. 수의 원리와 도형의 정의가 중요한 수학 노트
01 수와 연산 영역 52　　02 도형과 측정 영역 58　　03 측정 영역 62

3. 지도와 연표 등 시각적 정리가 중요한 사회 노트
01 지리 영역 70　　02 역사 영역 76　　03 기타 영역 82

4. 원리 파악과 관찰 정리가 중요한 과학 노트
01 실험 탐구 영역 88　　02 개념 정리 영역 96

5. 단어 암기와 핵심 파악이 중요한 영어 노트
01 Words 영역 104　　02 Listening & Speaking 영역 108　　03 Reading & Writing 영역 112

PART 3 중학교에 들어가기 전, 시험 대비 노트 필기의 모든 것

1. 국어 만점을 위한 노트 필기
- 첫 번째 교과서에 나오는 작품은 꼼꼼하게 정리해요 120
- 두 번째 문법 등 어려운 개념은 따로 정리해요 121
- 세 번째 읽은 책은 모두 기록으로 남겨요 122
- 네 번째 모르는 단어 정리로 어휘력을 키워요 123

2. 수학 만점을 위한 오답 노트
- 첫 번째 틀린 이유를 반드시 적어요 126
- 두 번째 핵심 포인트를 정리해요 127

3. 사회·과학 만점을 위한 노트 필기
- 첫 번째 핵심 단어는 완벽하게 정리해요 132
- 두 번째 빈칸을 만들어 자기 평가를 해봐요 133
- 세 번째 틀린 문제와 이유를 정리해요 134

4. 영어 만점을 위한 노트 필기
- 첫 번째 셀로판지를 활용해 단어를 암기해요 138
- 두 번째 노트 접기를 활용해 단어를 암기해요 139

PART 4 온라인 수업 완벽 대비 특강

수업 참여 방법과 스마트패드 활용법

온라인 수업 완전 정복
- ZOOM으로 수업 참여하기 144
- padlet으로 수업 참여하기 148

태블릿 활용 완전 정복
- 굿노트앱 활용하기 152
- 아이패드 메모앱 활용하기 153
- 갤럭시탭 S노트앱 활용하기 154

감사의 글 155

부록 학생이 직접 필기해봤습니다 156
부록 교과서 이미지 출처 158

PART 1

필기 전,
반드시 알아야 할
노트 정리의 모든 것

1 과목과 목적에 맞는 노트 만들기

노트 필기의 방법은 매우 다양합니다. 어떤 방법으로 활용하는지에 따라 노트의 모습과 활용 방법이 달라질 수 있습니다. 초등학생들이 활용하기 좋은 노트 필기의 여러 가지 방법과 틀을 소개합니다. 학습 문제와 학습 내용의 구조에 알맞은 방법을 선택하여 노트 필기를 해보세요.

무엇이 필요할까요?

❶ 교과서
노트 필기는 수업 시간에 교과서에 간단하게 정리한 내용을 기본으로 합니다. 따라서 반드시 노트 필기 전에 교과서를 준비해야 합니다.

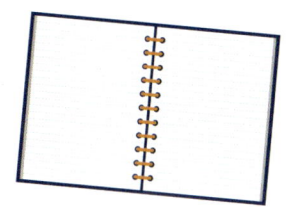

❷ 노트
- 줄 노트는 국어, 수학, 사회, 과학 과목 필기를 할 때 필요합니다.
- 영어의 경우 줄 노트가 아닌 영어 노트를 준비합니다.

❸ 색깔 볼펜
볼펜은 검은색, 빨간색, 파란색 3가지 색을 준비합니다. 줄 간격을 고려하여 너무 굵거나 가느다란 볼펜보다는 0.5mm~0.7mm 정도 두께 볼펜이 적당합니다.

❹ 형광펜
색깔 볼펜과 색이 겹치지 않아야 하므로 노란색 형광펜이 가장 적당합니다.

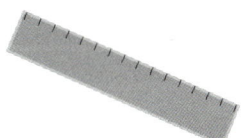

❺ 자
자는 세로선과 가로선, 표를 그릴 때 사용합니다. 너무 짧거나 긴 자는 필통에 가지고 다니기 어렵습니다. 15cm 정도이거나 반으로 접히는 자가 적당합니다.

❻ 포스트잇
- 포스트잇은 질문을 적거나 학습 내용을 보충하여 정리할 때 활용합니다.
- 지도가 그려진 포스트잇, 연표가 그려진 포스트잇 등 다양한 종류의 포스트잇은 효율적인 노트 필기를 하는 데 도움이 됩니다.

01 칸 나누기

첫 번째
핵심 개념형 노트 필기

핵심 개념형 노트 필기는 노트를 **정리할 때 가장 기본이 되는 형태**입니다. 중요한 내용을 한눈에 알아보기 쉽고 깔끔한 정리가 가능합니다.

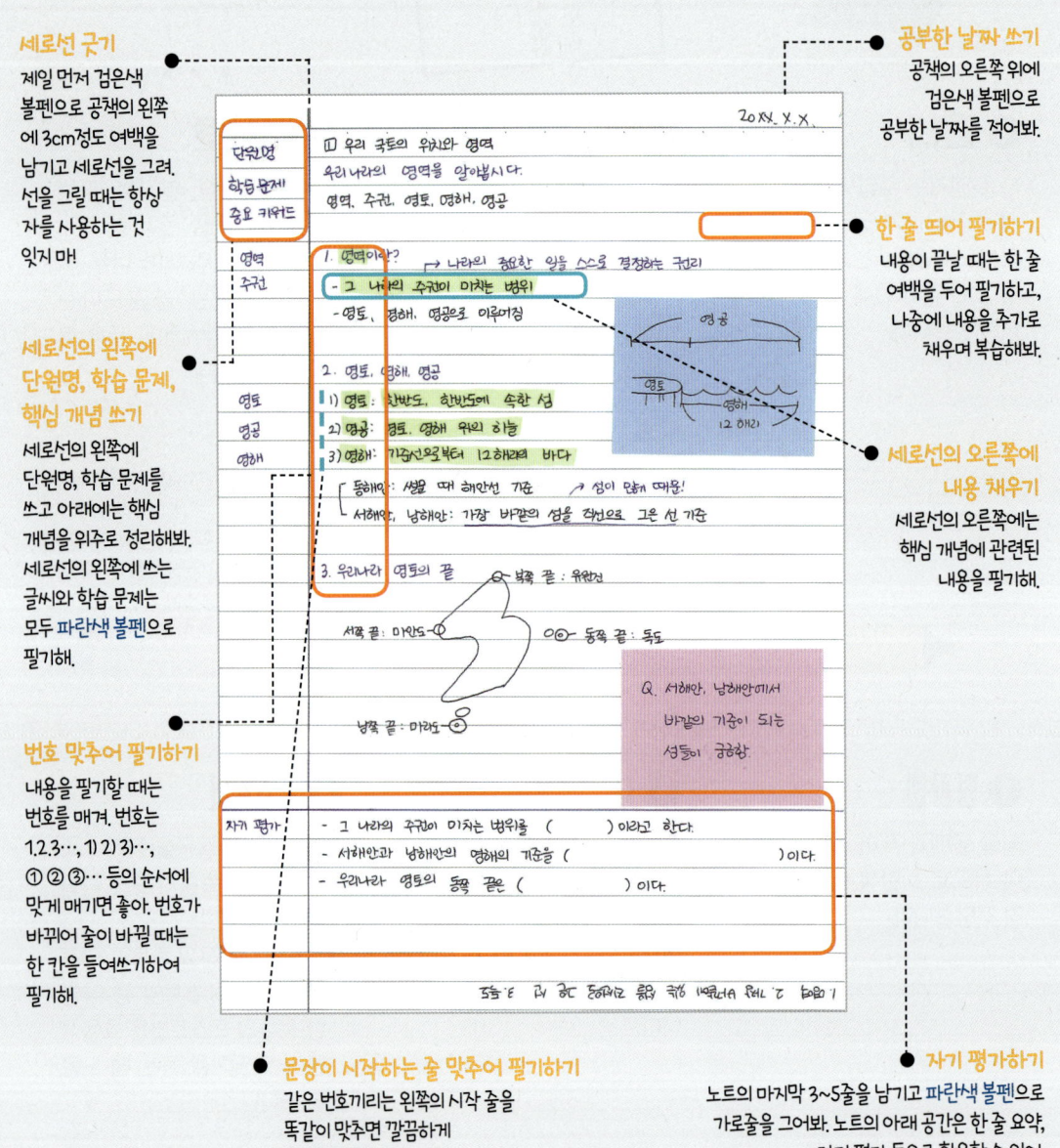

세로선 긋기
제일 먼저 검은색 볼펜으로 공책의 왼쪽에 3cm정도 여백을 남기고 세로선을 그려. 선을 그릴 때는 항상 자를 사용하는 것 잊지 마!

세로선의 왼쪽에 단원명, 학습 문제, 핵심 개념 쓰기
세로선의 왼쪽에 단원명, 학습 문제를 쓰고 아래에는 핵심 개념을 위주로 정리해봐. 세로선의 왼쪽에 쓰는 글씨와 학습 문제는 모두 파란색 볼펜으로 필기해.

번호 맞추어 필기하기
내용을 필기할 때는 번호를 매겨. 번호는 1.2.3…, 1) 2) 3)…, ①②③… 등의 순서에 맞게 매기면 좋아. 번호가 바뀌어 줄이 바뀔 때는 한 칸을 들여쓰기하여 필기해.

공부한 날짜 쓰기
공책의 오른쪽 위에 검은색 볼펜으로 공부한 날짜를 적어봐.

한 줄 띄어 필기하기
내용이 끝날 때는 한 줄 여백을 두어 필기하고, 나중에 내용을 추가로 채우며 복습해봐.

세로선의 오른쪽에 내용 채우기
세로선의 오른쪽에는 핵심 개념에 관련된 내용을 필기해.

문장이 시작하는 줄 맞추어 필기하기
같은 번호끼리는 왼쪽의 시작 줄을 똑같이 맞추면 깔끔하게 노트 필기를 할 수 있어!

자기 평가하기
노트의 마지막 3~5줄을 남기고 파란색 볼펜으로 가로줄을 그어봐. 노트의 아래 공간은 한 줄 요약, 자기 평가 등으로 활용할 수 있어.

01 칸 나누기

두 번째 T자형 노트 필기

T자형 노트 필기는 **부연 설명해야 할 내용이 많은 경우, 그림을 활용한 필기가 필요한 경우, 수학 오답 노트를 필기하는 경우** 등에 효과적입니다.

공책을 반으로 접어 칸 나누기
공책을 반으로 접어 칸을 나누어 활용해.

색깔 볼펜 활용하기
학습 문제와 제목은 눈에 잘 보이도록 **파란색 볼펜**으로 써.

공부한 날짜 쓰기
공책의 오른쪽 위에 검은색 볼펜으로 공부한 날짜를 적어봐.

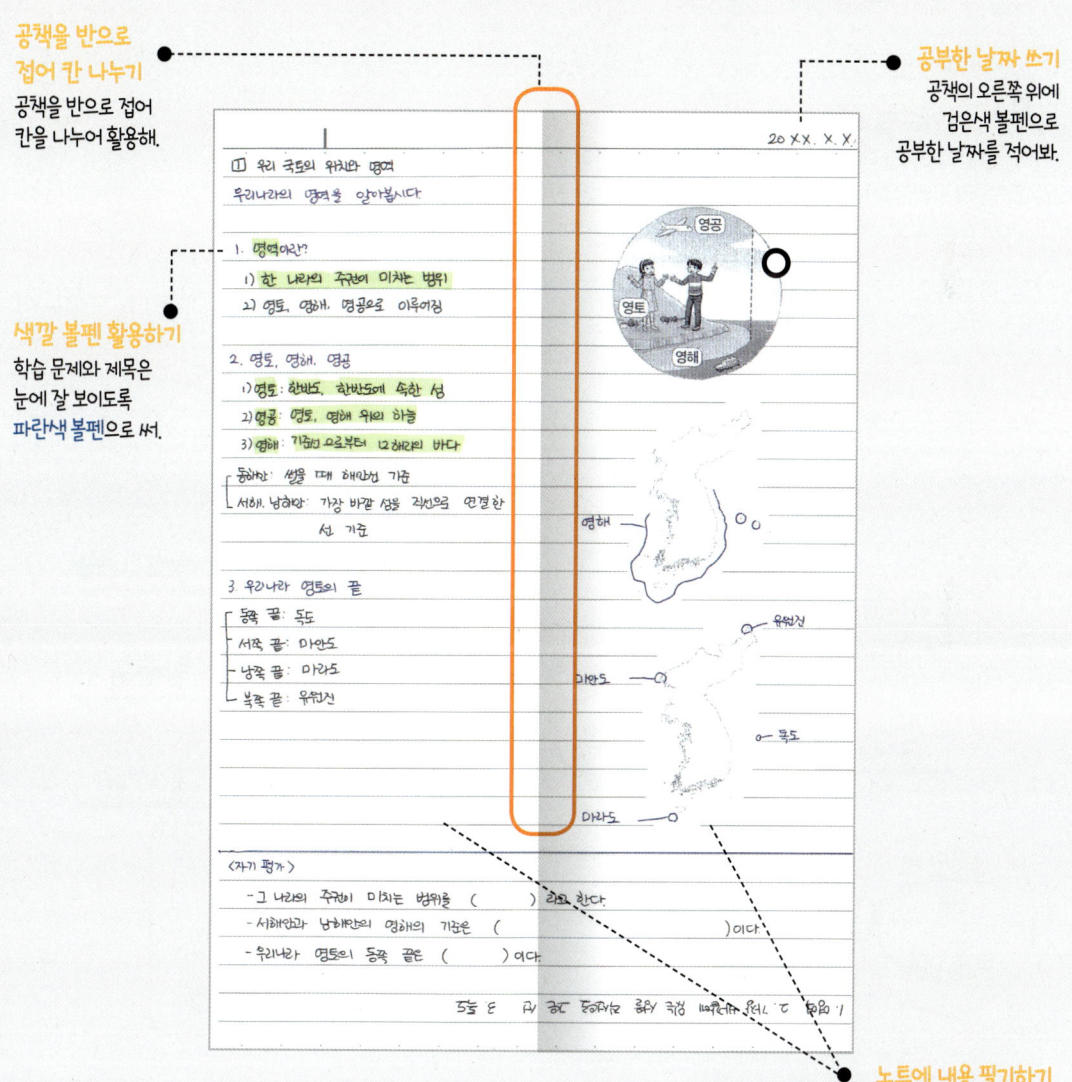

노트에 내용 필기하기
노트를 반으로 접어 왼쪽에는 배운 내용을 필기하고, 오른쪽에는 이를 글이나 그림으로 설명하면 효율적으로 노트의 공간을 활용할 수 있어. 수학 오답 노트일 경우 왼쪽에는 문제와 틀린 이유를, 오른쪽에는 핵심과 풀이 과정을 필기해.

02 구성 방법

첫 번째 마인드맵

마인드맵은 생각을 지도처럼 나타내는 노트 필기 방법입니다. 간단한 도형과 연결선을 활용해 기억해야 할 많은 내용을 보기 쉽게 정리하여 한눈에 파악할 수 있습니다. 또한 사람의 뇌세포가 생각을 옮기는 방법을 그대로 구현하여 쉽게 이해하고 오래 기억할 수 있다는 장점이 있습니다.

 마인드맵 노트 필기 tip
1. 조사나 어미(문장의 끝)를 생략하고 핵심단어로 요약하여 표현합니다.
2. 큰 가지와 작은 가지는 같은 색으로 표시하면 한눈에 보기 좋습니다.
3. 마인드맵 곳곳에 충분한 여백을 둡니다.

주제(중심개념) 적기
설명하려는 것이 무엇인지 생각해보고 주제를 가운데에 적어보자.

큰 가지 그리기
학습 문제와 관련하여 3~4개의 큰 가지를 그려줘. 작은 가지를 연결하여 그려야 하므로 큰 가지는 두껍게 그리는 것이 좋아.

국어 3학년 1학기 2. 문단의 짜임

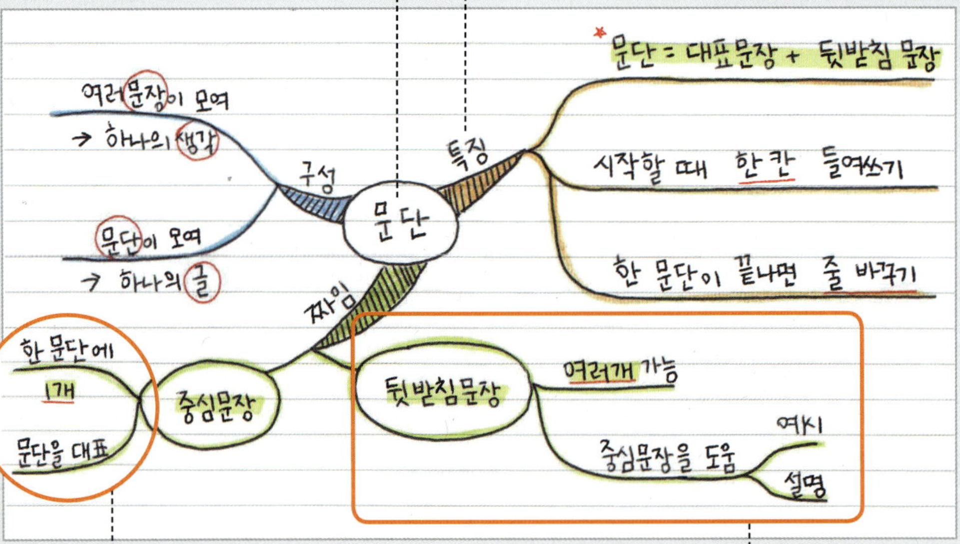

작은 가지 그리기
큰 가지 아래 작은 가지를 연결하여 그려보자.
내용은 간단하게, 글자 대신에 그림을 활용해도 좋아.

색을 칠하여 주제 구분하기
큰 가지와 작은 가지를 같은 색으로 칠해주자.
내용별로 구분이 잘돼서 기억하기에 좋아.

마인드맵 구성 예시

사회 6학년 2학기 1-[2] 세계의 다양한 삶의 모습

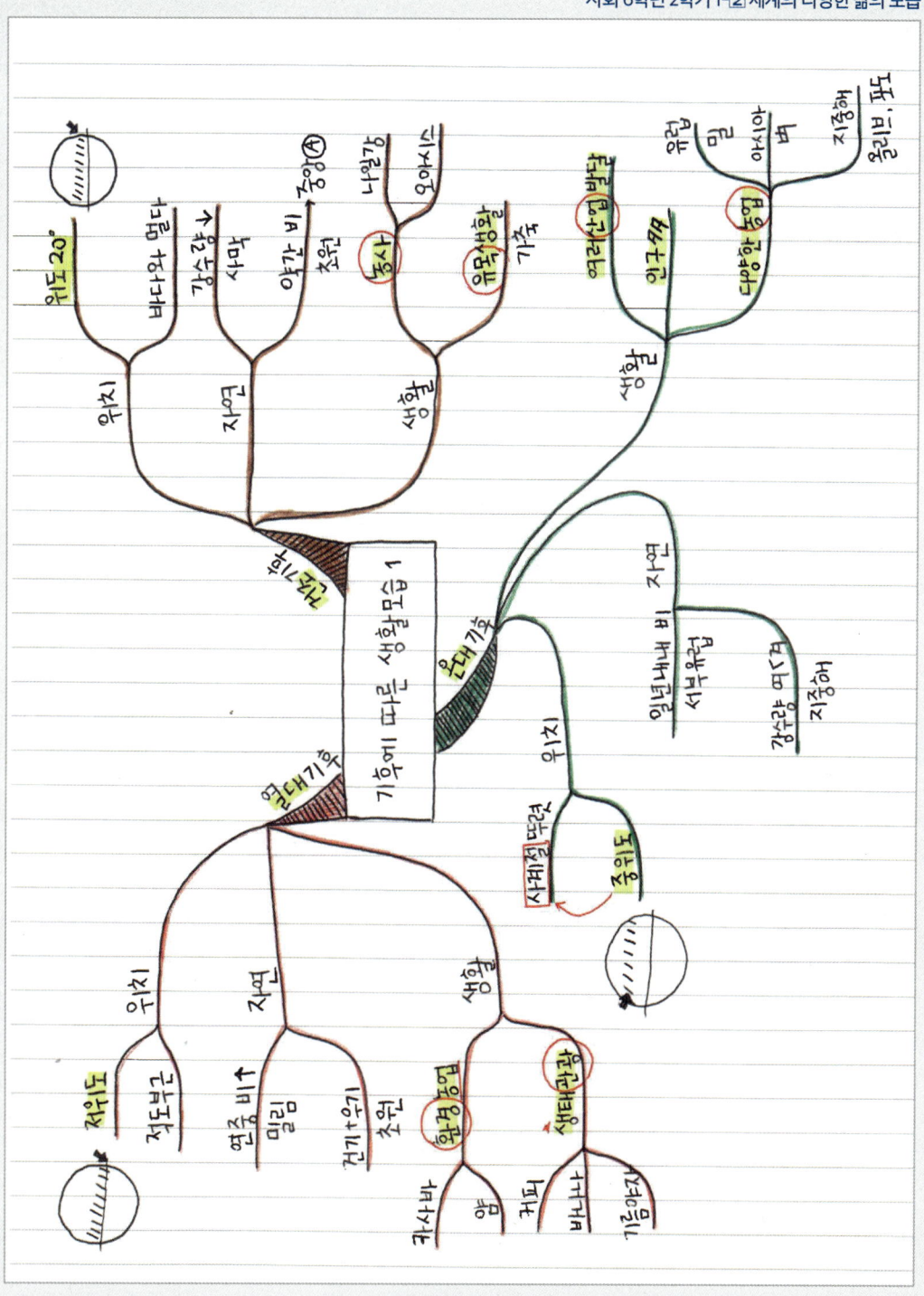

02 구성 방법

두번째 비주얼씽킹

비주얼씽킹은 **공부한 내용을 그림으로 표현하는 노트 필기 방법**입니다. 사람들은 글자보다 그림을 볼 때 더 쉽게, 더 오래 기억한다고 합니다. 비주얼씽킹은 많은 내용을 그림으로 구조화해서 표현하기 때문에 한눈에 보기 좋고, 오래 기억하기에 좋습니다. 또, 나만의 그림으로 노트를 정리할 수 있어서 재미도 느낄 수 있습니다.

 비주얼씽킹 노트 필기 tip
1. 잘 그리는 것이 중요하지 않습니다. 자신감을 갖고 그립니다.
2. 자세히 그리는 것보다 큰 특징이 드러나게 그립니다.
3. 동그라미, 세모, 네모 등의 간단한 도형과 화살표, 말풍선 등을 활용합니다.

개념과 관련한 그림 떠올리기
'무게' 하면 떠오르는 것은? 저울!
공기가 저울 위에 올라가 있는 모습으로
'공기도 무게가 있다'는 내용을 표현했네~
이렇게 관련 그림을 떠올려서
창의적으로 그려보는 것도 좋아.

색 활용하기
여러 가지 색을 활용하면 그림이 표현하려는
내용을 더 자세하게 나타낼 수 있어.
예시) 차가운 공기는 파란색, 따뜻한 공기는 빨간색 등

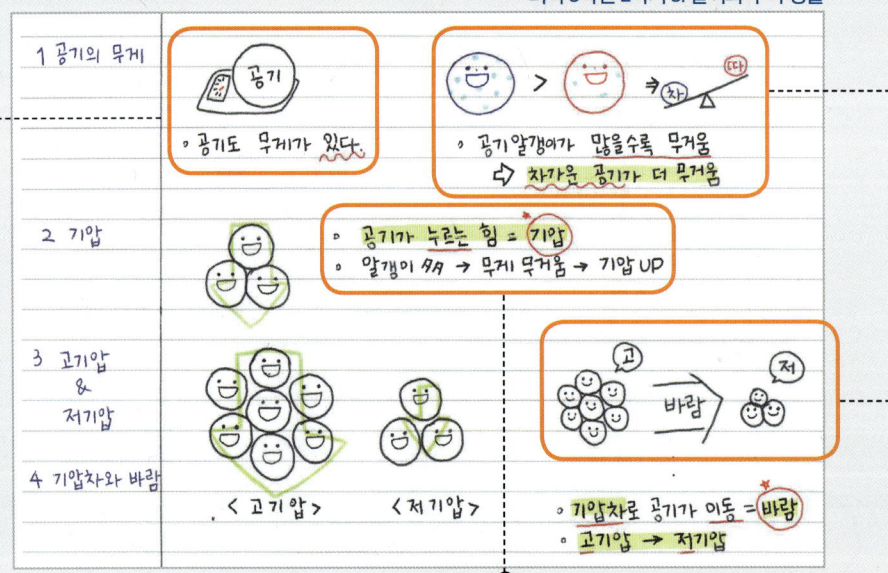

그림 설명 적기
그림으로 표현하기 어려운 내용,
그림과 관련한 설명을 간단하게 적어보자.

말풍선, 화살표 등 활용하기
그림의 내용을 보충하기 위해
말풍선과 화살표 등을 활용해도 좋아.

비주얼씽킹 구성 예시

사회 6학년 2학기 2-1 한반도의 미래와 통일

1 남북 분단의 어려움	① 전쟁공포 ② 언어≠ → 역사기록× (힘듦) ③ 국방비↑ → 경제손실 ④ 이산가족
2 통일의 필요성	① 국방비 절약 국방비 + 국방비 = 국방비 + 남는 비용 → 다른 곳에 사용가능 ② 국제경쟁력↑ ③ 더 많이 교류 (by 기차)

02 구성 방법 — 세 번째 씽킹맵

씽킹맵은 여러 가지 정보를 특징에 따라 정리하는 노트 필기 방법입니다. 생각하는 과정에 알맞은 씽킹맵을 활용할 수 있어서 자기 주도 학습에 적합하고, 많은 내용을 한 번에 표현할 수 있어서 노트 필기 방법으로 좋습니다.

Circle map (서클맵)

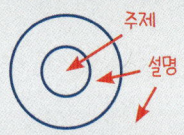

가장 안쪽 동그라미에 '주제(개념)'를 적고 바깥 부분에는 주제(개념)와 관련된 여러 가지 '사실'들을 적습니다.
개념이나 낱말 뜻에 대한 설명을 정리할 때 활용합니다.

수학 4학년 2학기 2. 삼각형

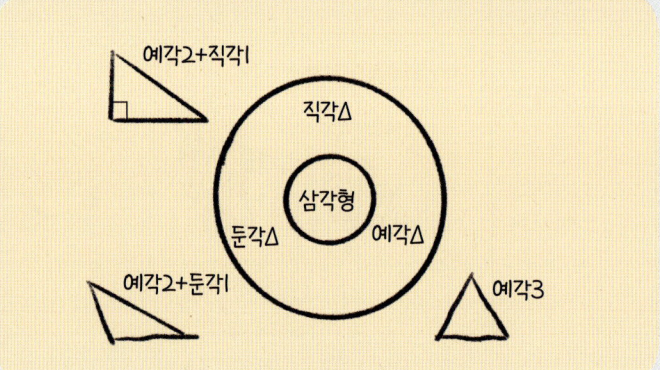

Bubble map (버블맵)

사회 5학년 1학기 1-② 우리 국토의 자연환경

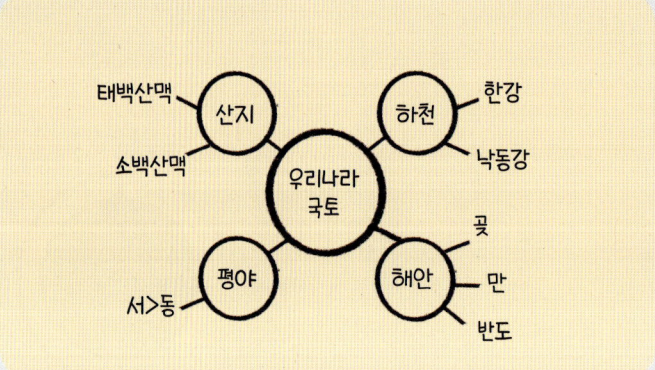

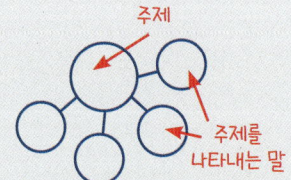

가운데 큰 동그라미(버블)에는 주제어를 쓰고 주변 동그라미에는 주제와 관련된 여러 가지 정보를 적습니다.
어떤 개념을 묘사하거나 설명할 때 활용합니다.

씽킹맵 노트 필기 tip
1. 여덟 가지 씽킹맵의 특징을 알아두는 것이 좋습니다.
2. 노트 필기할 내용에 어울리는 씽킹맵을 선택합니다.
3. 씽킹맵에 비주얼씽킹을 활용하여 정리해도 좋습니다.

Dubble-bubble map(더블버블맵)

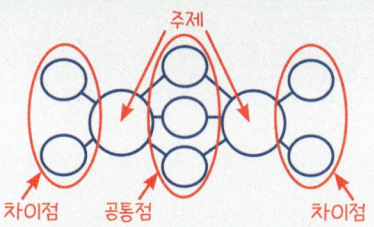

비교할 두 가지 주제를 주제동그라미에 적고 공통점은 두 동그라미와 모두 연결하여 가운데 부분에 적습니다. 차이점은 하나의 연결선만 이어 가장자리 공간에 적습니다.
두 개념을 비교하거나 분석할 때 활용합니다.

과학 6학년 1학기 3. 여러 가지 기체

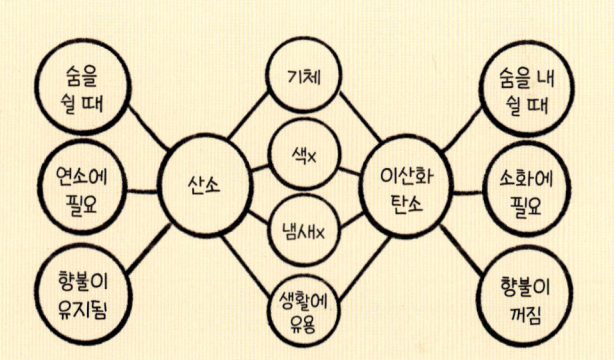

Tree map(트리맵)

사회 6학년 2학기 1-① 지구, 대륙 그리고 국가들

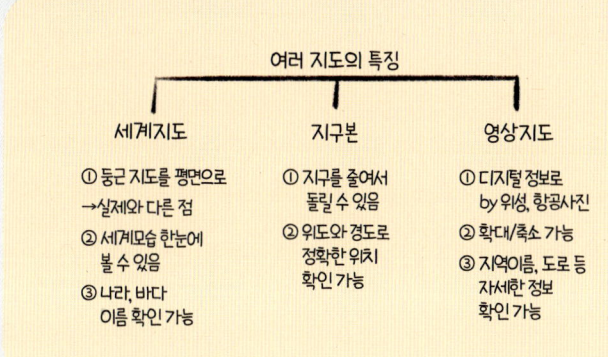

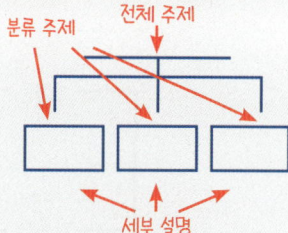

트리 꼭대기에는 중심 개념을 적고, 아래 가지에는 분류한 주제와 세부 설명을 적습니다. 필요에 따라 가지의 수를 늘리거나 줄일 수 있습니다.
개념을 분류하여 설명할 때 활용합니다.

Flow map(플로우맵)

과학 3학년 1학기 3. 동물의 한살이

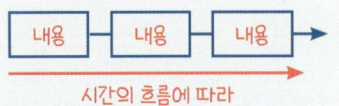

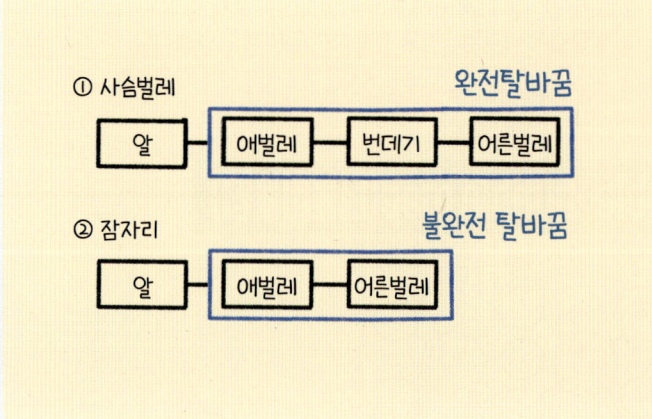

네모, 동그라미 등 원하는 모양으로 각 단계를 나타내는 칸을 그리고 칸 안에 순서가 드러나게 내용을 적습니다. 칸 주위에 설명을 추가하여 적어도 좋습니다. 시간의 순서나 일정한 규칙에 따라 정리할 때 활용합니다.

Brace map(브레이스맵)

국어 5학년 1학기 7. 기행문을 써요

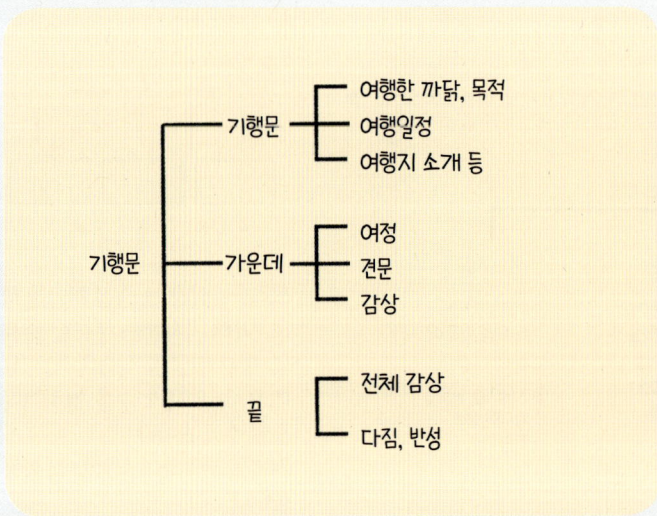

가장 왼쪽에 전체 주제를 적고 작은 가지를 그린 후 작은 주제를 가운데 부분에 적습니다. 자세한 설명을 해야 하는 경우 작은 가지를 더 그려서 내용을 적을 수 있습니다.
부분과 전체에 대한 관계를 정리할 때 활용합니다.

Bridge map(브릿지맵)

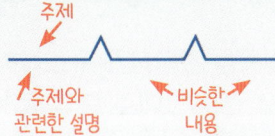

다리 모양의 선 위에 주제를 적고 그 아래 주제와 관련한 설명을 적습니다. 왼쪽에서 오른쪽으로 이어가며 주제와 관련한 내용을 유추하여 적습니다(위에 설명을 적고 아래에 주제를 적어도 됩니다)
유추를 통해 주제와 관련된 개념을 연결지어 정리할 때 활용합니다.

사회 4학년 1학기 3-1 우리 지역의 공공 기관

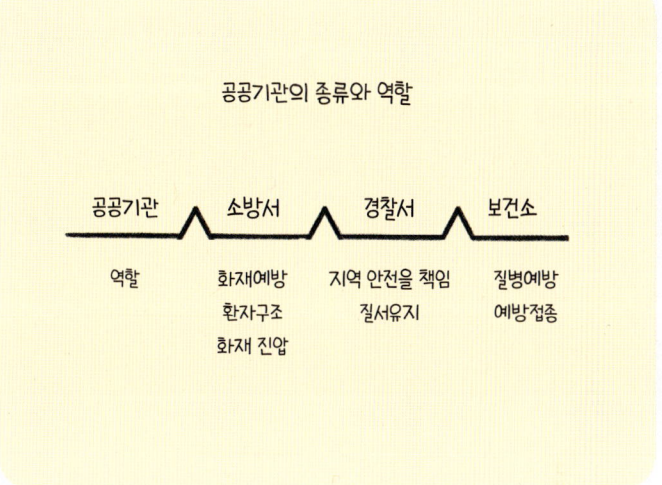

Multi-flow map(멀티플로우맵)

사회 6학년 1학기 1-1 민주주의의 발전과 시민 참여

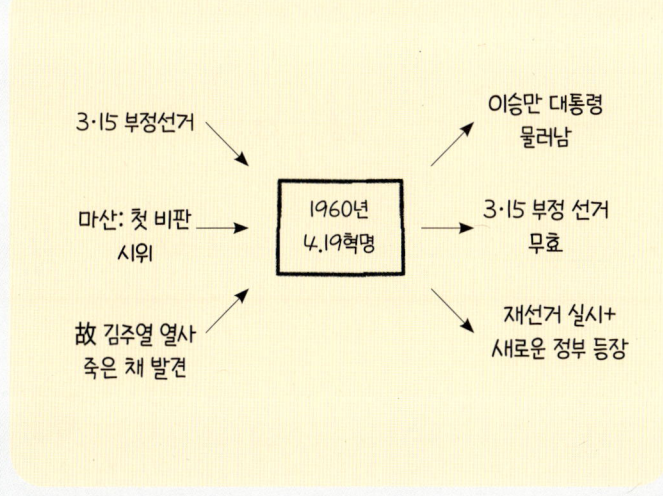

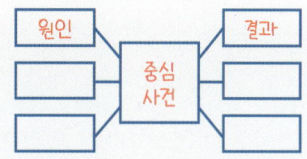

가운데 네모에 정리하고 싶은 핵심 개념을 적고, 왼쪽에는 원인을 오른쪽에는 결과를 적습니다. 어떤 사건이나 현상에 대한 원인과 결과를 정리할 때 활용합니다.

25

효율적인 노트 필기를 위한 기호 활용하기

교과서의 내용을 노트로 옮겨 정리하는 이유 중 하나는 교과서의 내용을 간단하게 구조화하여 정리한 나만의 자료를 만들기 위해서입니다. 따라서 배운 내용을 있는 그대로 모두 옮겨 적는 것보다는 핵심 내용을 요약하여 보기 좋게 기록하는 것이 효과적입니다. 나만의 기호나 줄임말을 적절하게 활용하면 노트 필기를 할 때 걸리는 시간을 줄이고 알아보기 쉽게 노트를

줄임말·기호	설명	예시
↑, 多 / 大, UP	높다, 많다, 올라간다	온도가 ↑면 물이 끓는다
↓, 少 / 小, DOWN	낮다, 적다, 내려간다	촌락은 인구가 少
:	뜻, 의미	목적어: 문장에서 동작의 대상이 됨
→, ⇨	순서, 원인과 결과	물온도↑⇨물이 위로 up ⇨ 위에 있던 물이 down
	부연 설명	주권→ 나라의 중요한 일을 스스로 결정하는 권리
>, <	~보다 많다, 적다	알갱이 크기: 화강암 > 현무암
=, ≠	같다, 다르다	정사각형 네 각의 크기의 합 = 360°

정리할 수 있습니다. 노트 필기에 많이 쓰는 기호와 줄임말을 소개합니다.
학습한 내용과 강조해야 할 부분, 궁금한 점 등을 기호와 줄임말을 통해 정리해보세요.
책에서 소개하는 기호뿐만 아니라 나만의 기호와 줄임말을 만들어서 노트 필기에 활용해도 좋습니다.

줄임말·기호	설명	예시
O, X	있다, 없다	관용표현 사용: 전하고 싶은 말을 쉽게 표현할 수 O
☆, ※, *	강조 표시	※영어 단어뿐만 아니라 어구의 의미도 함께 익히기!
ex), 예)	예시	현무암 실생활 활용 ex)돌하르방, 돌담
&, +	그리고	애벌레: 애+벌레
中	중에서	공공기관 中 보건소: 질병예방&예방접종
↔, vs	반대	big 큰 ↔ small 작은
∴	정답, 결론	∴ 5m
Q	질문	Q. 마름모의 둘레는 왜 4를 곱할까?

PART 2

과목별 노트 필기의 모든 것

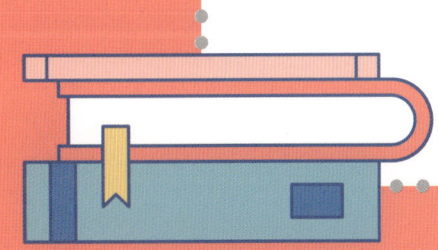

1
글의 흐름과 주제 파악이 중요한 국어 노트

🎯 　문맹과 문해의 차이를 아시나요? 문맹이란 글을 읽고 쓰지 못하는 상태를 뜻합니다. 우리나라는 세계적으로 문맹률이 아주 낮은 나라입니다. 대부분의 사람들이 글을 읽고 쓸 수 있다는 뜻입니다. 그렇다면 문해는 무엇일까요? 문해란 글을 읽고 이해하는 것을 뜻합니다. 우리나라는 OECD 국가 중 문해율이 낮은 편이라고 합니다. 우리나라 사람들은 글을 읽고 쓸 수는 있지만 그 속의 뜻과 내용을 이해하지 못한다는 것입니다. 많은 학부모님이 '우리 아이는 한글은 빨리 뗐는데 국어 점수는 왜 이렇게 낮지? 글은 왜 못 쓰는 거지?' 생각합니다. 자기 주도적 국어 학습과 독서, 논술 공부를 위해서는 노트 필기가 필요합니다.

국어 노트 어떻게 쓰면 좋을까요?

국어는 크게 **글을 읽으며 내용을 요약하는 부분, 목적에 따라 글을 쓰는 부분, 문법과 같이 개념 정리가 필요한 부분**으로 나눌 수 있습니다. 상황에 맞게 전략을 바꾸어 노트 필기를 해 봅시다. 그 전에 공통적으로 알아두어야 할 사항을 살펴볼까요?

❶ 노트 필기의 기본은 국어 교과서

국어 공부를 할 때, 국어 교과서 지문을 읽고 이해하는 것은 필수입니다. 특히 국어 교과서의 위쪽과 아래쪽을 보면 캐릭터와 함께 말풍선이 들어가 있는 경우가 있습니다. 이 말풍선에는 중요한 내용이 담겨 있으므로 반드시 확인해야 합니다.

❷ 글의 주제를 찾아라!

국어에서 가장 중요한 것은 글에서 이야기하고자 하는 것, 즉 글의 주제를 파악하는 것입니다. 글의 주제를 찾기 위해 꼭 살펴야 하는 것이 바로 제목입니다. 제목은 글쓴이가 하고 싶은 말을 한 줄로 요약한 것과도 같습니다.

❸ 국어 활동도 꼼꼼하게

3, 4학년 국어 교과서의 짝꿍은 국어 활동입니다. 국어 활동에는 국어 교과서에서 배운 중요한 내용들을 다시 한 번 확인하거나 연습해볼 수 있도록 다양한 문제들이 실려 있습니다. 노트 필기로 복습을 한 후 국어 활동 문제를 해결한다면 국어 공부를 더 꼼꼼하게 할 수 있습니다.

핵심 개념을 찾는 방법
- 교과서에 나오는 정리 말풍선
- 선생님이 수업의 마무리 부분에 정리해주는 내용

➕ **국어 노트 필기! 어떤 영역을 살펴볼까요?**

① 글을 읽으며 흐름을 파악하는 **요약하기 영역**
② 목적에 따라 다양하게! **글쓰기 영역**
③ 핵심을 이해하는 **개념 정리 영역**

01 요약하기 영역

1단계 수업에 들어가기 전, 교과서를 읽으며 글의 내용을 미리 파악해요

❶ 요약하기에 앞서 글의 내용을 **미리 파악**하는 것이 필요합니다.

※ 온라인 수업의 제목이나, 학습 문제를 보면 어떤 글을 읽어야 하는지 예상할 수 있습니다.

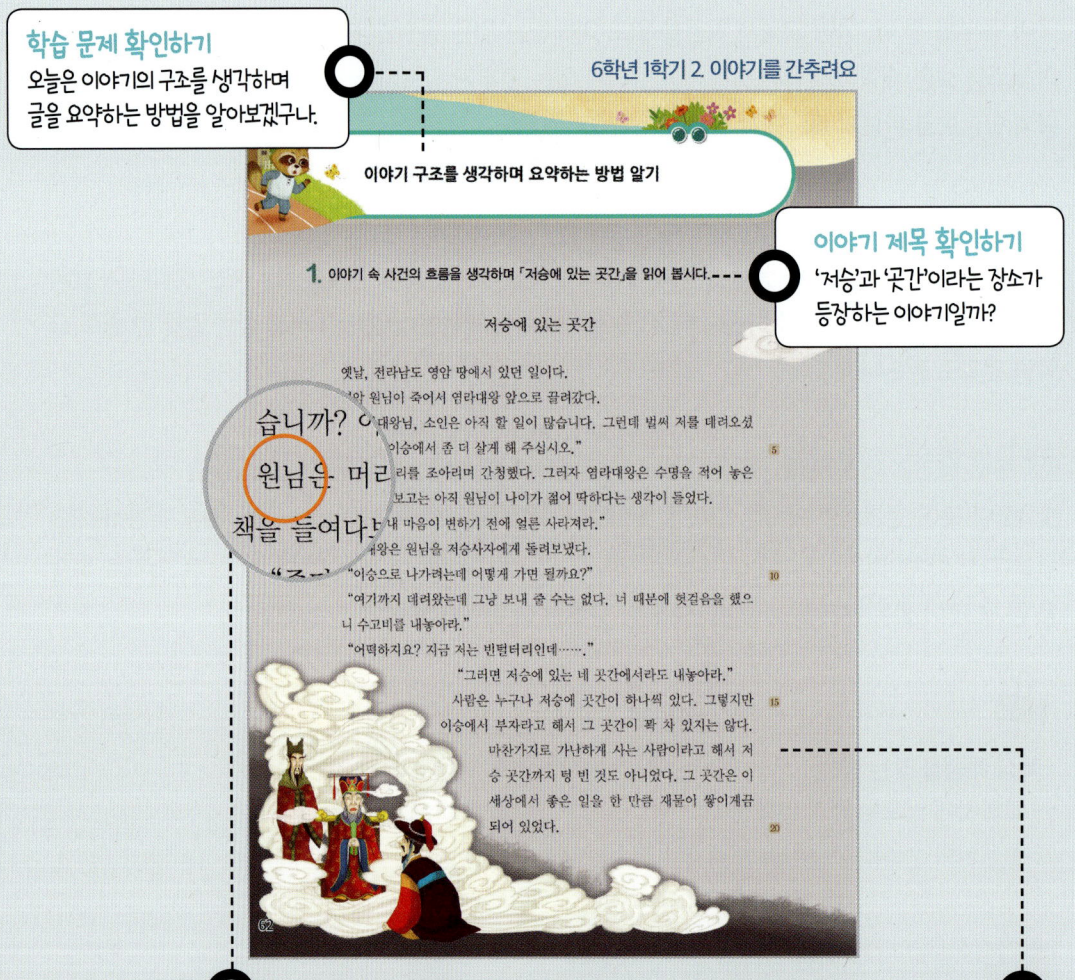

학습 문제 확인하기
오늘은 이야기의 구조를 생각하며 글을 요약하는 방법을 알아보겠구나.

이야기 제목 확인하기
'저승'과 '곳간'이라는 장소가 등장하는 이야기일까?

등장인물 확인하기
이야기 속 등장인물이 누구지?
등장인물이 어떤 장소에 있지?
등장인물에게 무슨 일이 생겼지?

사건의 흐름 생각하기
이야기가 다섯 쪽이나 되네.
이야기 속 사건의 흐름을 생각하며 읽어야겠어.

01 요약하기 영역

2단계 수업 중에는, 요약할 내용을 생각하며 수업을 들어요!

❶ 수업을 들으며 글의 구조에 따라 글을 나누고 「 」와 같은 기호를 사용하여 표시합니다. 이야기 글의 경우 **이야기의 흐름에 따라 나누어** 표시할 수 있습니다.

※ 온라인 수업의 경우 교과서에 메모를 하거나 글을 읽을 때 동영상을 잠시 멈춥니다.

주요 등장인물에 표시하기
자주 등장하거나, 중요한 사건과 관련된 등장인물에 **파란색 볼펜으로** 동그라미 표시해봐. 중요한 등장인물이 여러 명일 수도 있어.

사건의 흐름을 파악하기
새로운 인물이 등장하는 부분이나 장소가 바뀌는 부분을 잘 살펴봐야 해. 새로운 사건이 시작되는 부분도 눈여겨봐.

이야기를 구조에 따라 나누기
이야기의 구조를 파악하기 위해서 장소가 바뀌고 새로운 일이 생기는 부분에 **파란색 볼펜으로** 「 」 표시해봐.

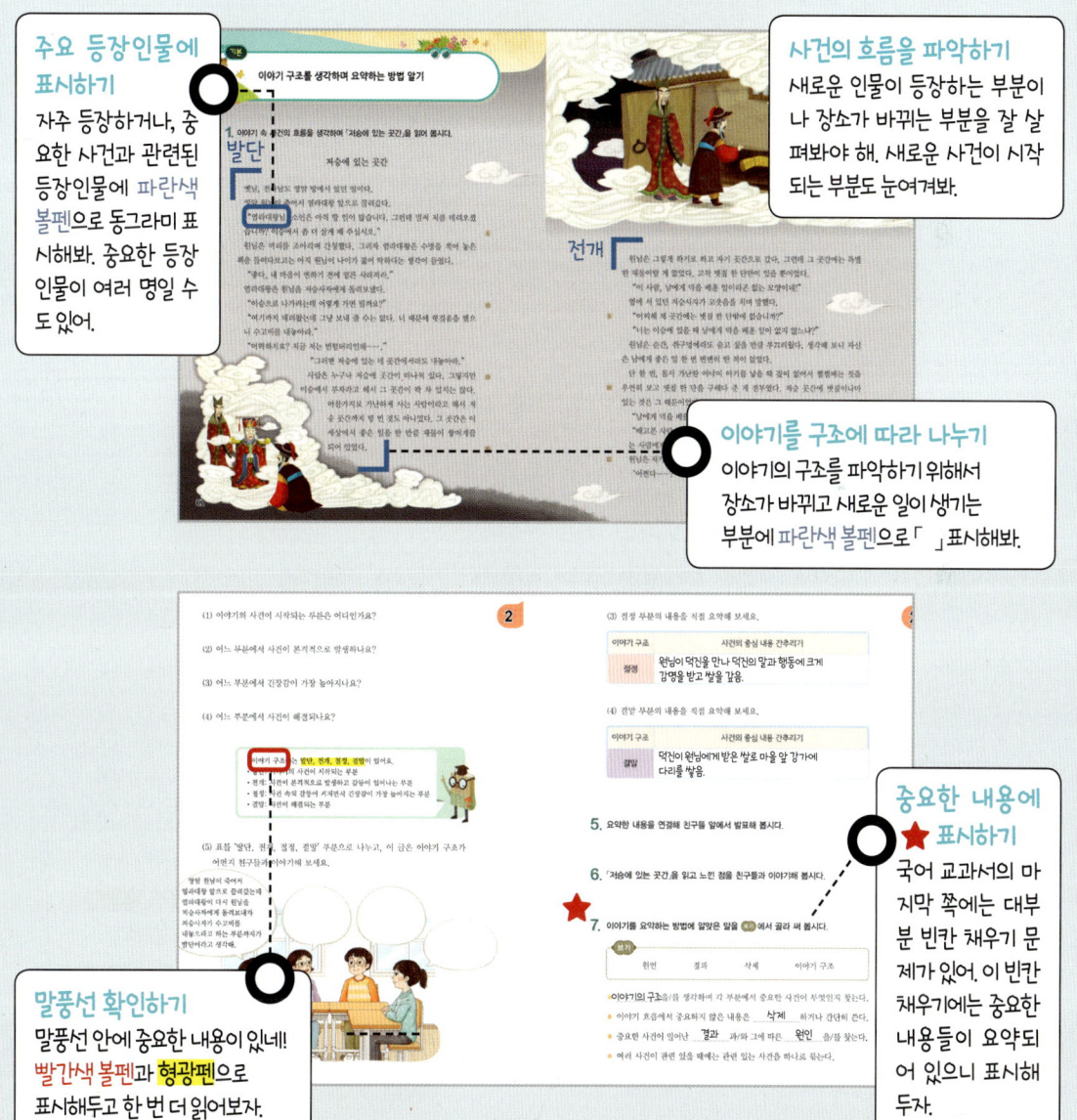

말풍선 확인하기
말풍선 안에 중요한 내용이 있네! **빨간색 볼펜**과 **형광펜**으로 표시해두고 한 번 더 읽어보자.

중요한 내용에 ★ 표시하기
국어 교과서의 마지막 쪽에는 대부분 빈칸 채우기 문제가 있어. 이 빈칸 채우기에는 중요한 내용들이 요약되어 있으니 표시해 두자.

01 요약하기 영역

3단계 수업이 끝난 후,
글의 종류와 구조에 맞게 요약해요

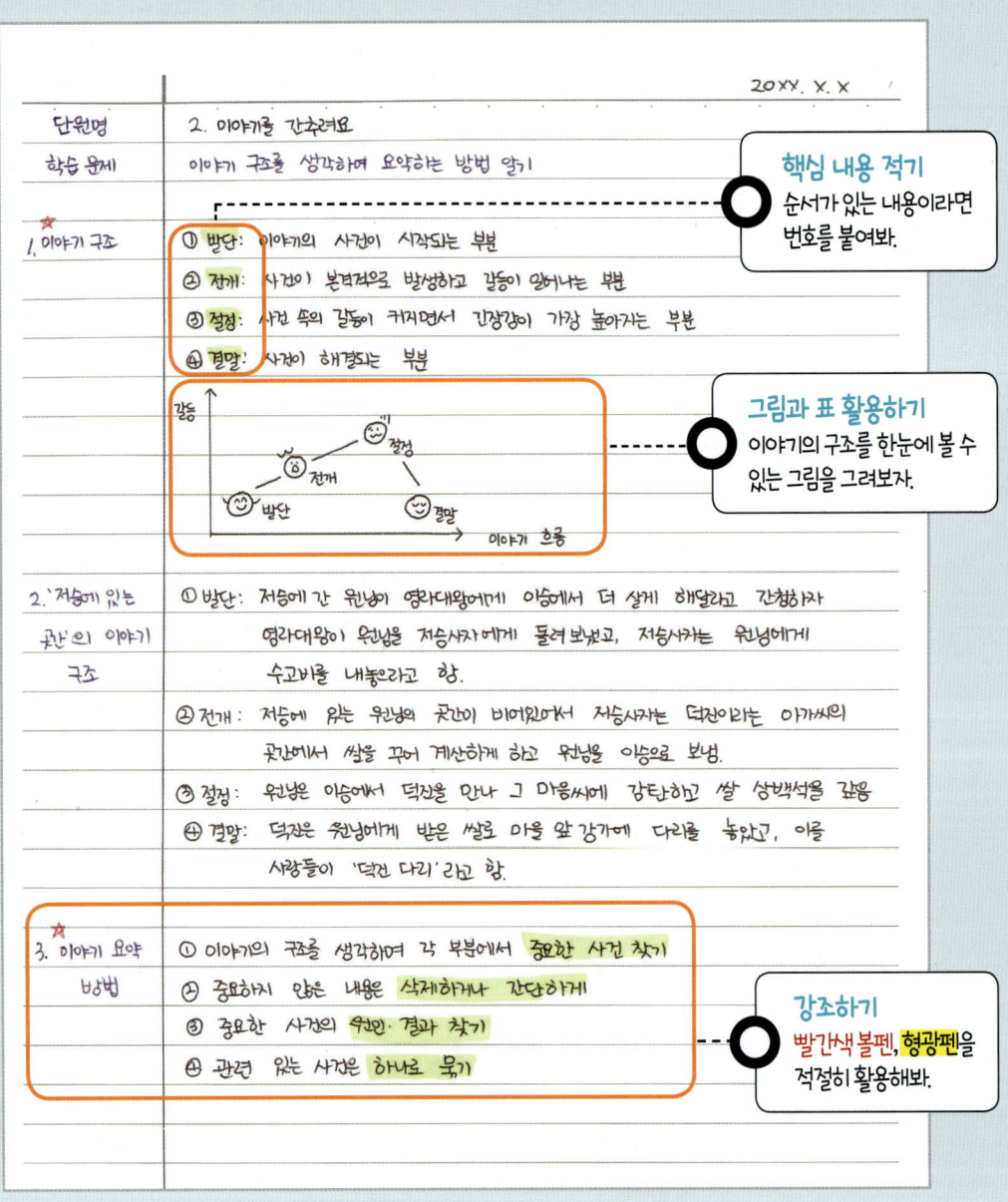

핵심 내용을 잘 요약하려면?

1. 핵심 내용 적기
◆ 이야기의 흐름과 같이 핵심 내용에 순서가 있다면 번호를 붙여 정리하는 것이 좋습니다. 또는 화살표를 이용해 정리할 수도 있습니다.
◆ 번호를 붙이며 내용을 정리할 때, 다음 번호의 내용은 줄을 바꿔 씁니다.

2. 그림과 표 활용하기
교과서에 실려 있는 그림이나 표는 아니지만 선생님이 수업 시간에 그림이나 표를 그려 설명해주신 내용이 있다면 노트에 필기합니다. 국어의 경우 글이 많기 때문에 그림과 표는 내용을 기억하는 데 도움을 줍니다.

3. 강조하기
공부한 내용 중 꼭 기억해야 하는 부분에 빨간색 볼펜, 형광펜으로 표시합니다.

4. 국어 교과서의 말풍선 내용 정리하기
국어 교과서의 말풍선 부분은 중요한 내용을 담고 있으므로 노트에 필기합니다.

5. 노트에 글을 요약해보기
노트 필기를 한 후 교과서의 지문을 노트에 요약하여 정리해봅니다. 수업 시간에 요약한 내용과 비교해보며 부족한 부분을 보충한다면 요약하기 방법을 잘 기억할 수 있습니다.

6. 다른 글에도 글을 요약하는 방법 적용해보기
다른 글을 읽을 때에도 요약하기 방법을 적용해봅니다. 노트 필기를 잘 해두었다면 다른 글도 어렵지 않게 요약할 수 있습니다.

02 글쓰기 영역

1단계 수업에 들어가기 전,
지난 시간에 배운 글쓰기 방법을 떠올려요

❶ 글쓰기 영역의 경우 글쓰기 시간 이전에 글쓰기 방법을 배웁니다. 지난 시간에 배운 글쓰기 방법을 먼저 떠올려봅니다.

학습 문제 확인하기
지난 시간에 배운 글쓰기 방법을 떠올려볼까?

글 쓸 내용 살펴보기
이번 시간에 쓸 글에 들어가야 하는 내용들이네.

4학년 1학기 8. 이런 제안 어때요

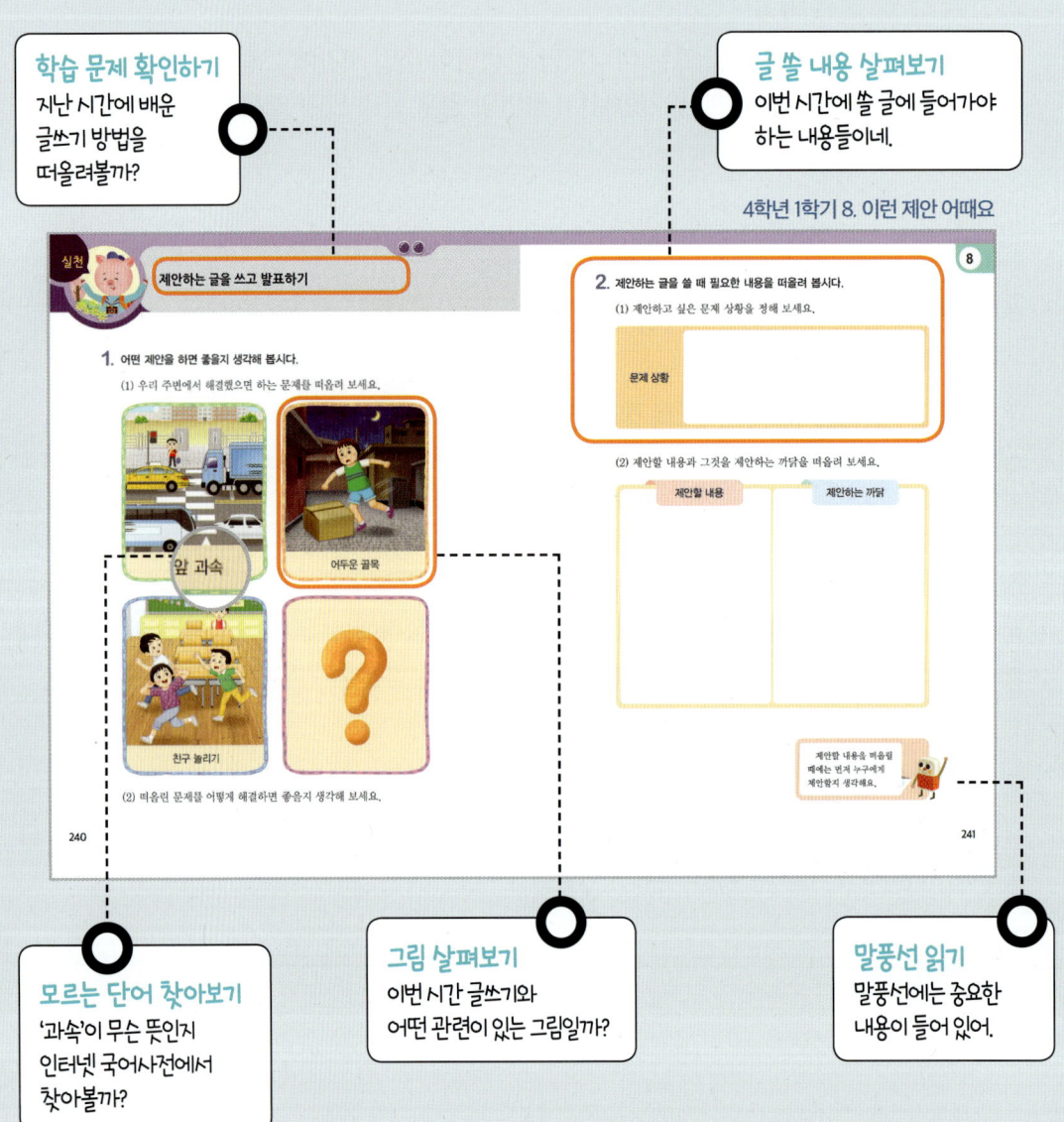

모르는 단어 찾아보기
'과속'이 무슨 뜻인지 인터넷 국어사전에서 찾아볼까?

그림 살펴보기
이번 시간 글쓰기와 어떤 관련이 있는 그림일까?

말풍선 읽기
말풍선에는 중요한 내용이 들어 있어.

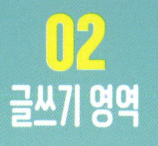

02 글쓰기 영역

2단계 수업 중에는,
글의 주제와 글을 쓸 때 필요한 내용을 메모하며 수업을 들어요

❶ 글쓰기의 주제와 목적을 이해하고 수업을 들어야 글을 쓸 수 있습니다.

※ 온라인 수업의 경우 직접 글을 써야 하는 부분에서는 동영상을 잠시 멈춥니다.

글쓰기 요소 확인하기
내가 써야 할 글에 꼭 들어가야 하는 요소들을 확인해봐.

주제 떠올리기
주제를 자유롭게 정할 수 있다면 생각나는 것들을 간단하게 메모해둬. 정해진 주제가 있다면 그 주제와 관련된 내용을 적어야 해.

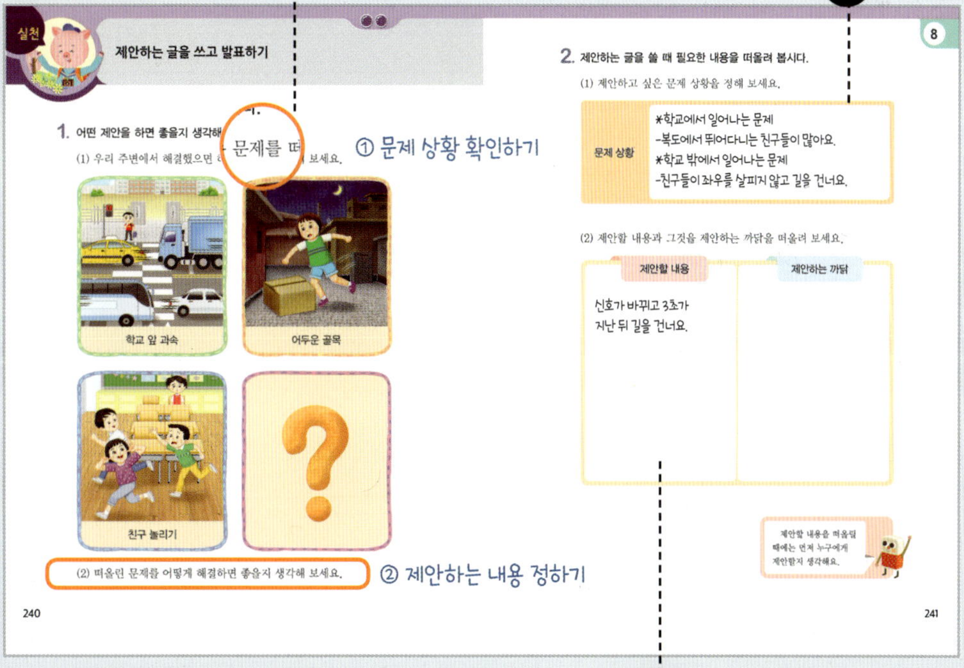

글의 내용 정하기
쓰고 싶은 내용이 떠오르지 않는다면? 잠시 생각할 시간을 가져봐. 대부분의 주제는 우리 생활과 관련되어 있기 때문에 나의 주변을 되돌아보는 것도 중요해.

37

02 글쓰기 영역

3단계 수업이 끝난 후, 메모한 내용들을 중심으로 글쓰기를 시작해요

❶ 노트에 정리한 내용이 그 자체로 한 편의 글이 될 수도 있습니다. 필요에 따라 덧붙이는 내용을 써서 긴 글을 쓰기도 합니다.

단원명	8. 이런 제안 어때요
학습 문제	제안하는 글을 <u>쓰고</u> 발표하기
제목	3초, 우리의 안전을 지키는 시간
1. 문제 상황	횡단보도에서 길을 건널 때, 신호가 바뀌자마자 달려나가는 친구들이 많아 교통사고 위험이 있습니다.
2. 제안할 사람	우리반 친구들
3. 제안할 내용	신호가 초록불로 바구면 3초 동안 좌우를 살피고 길을 건너면 <u>좋겠어요</u>.
4. 제안하는 까닭	왜냐하면 좌우를 살피면서 자동차가 오지 않는지 확인해야 길을 안전하게 건널 수 있기 때문입니다. 신호가 바뀌었다고 무조건 달려나가면 속도를 늦추지 못한 차에 부딪혀 사고가 날 수도 있습니다.
자기 평가 ○△×	○ 띄어쓰기나 맞춤법을 고칠 부분이 있나요? ( ) ○ 필요한 내용이 모두 들어갔나요? ( )

글의 제목 정하기
제목은 항상 글의 맨 위에 써. 제목은 글을 쓰기 전에 미리 정할 수도 있고, 글을 다 쓰고 난 다음에 정할 수도 있지.

Q. 제안할 사람이 친구들일 때 꼭 존댓말을 써야 할까?

제안하는 까닭 한 가지 더 쓰기

'좋겠습니다.'로 바꾸기

세로선 왼쪽은 파란색 볼펜으로 적기
순서를 알아야 하는 내용이라면 번호를 쓰는 것이 좋아.

자기 평가하기
띄어쓰기나 맞춤법은 어떤 글을 쓰든 다시 확인해야겠지? 인터넷에서 맞춤법 검사기를 검색해서 사용해볼 수도 있어. 내가 쓴 글을 한 번 스스로 평가해보자.

1. 글의 제목 정하기

◆ 모든 글에서 제목은 항상 글의 맨 위에 씁니다.
◆ 제목은 글을 쓰기 전에 미리 정할 수도 있고, 글을 다 쓰고 난 다음에 정할 수도 있습니다. 만약 제목을 나중에 정할 예정이면 제목을 쓸 공간을 비워둡니다.
◆ 제목은 글의 얼굴과도 같기 때문에 글 전체의 내용과 관련이 있어야 합니다.

2. 써야 할 내용 파란색 볼펜으로 적기

◆ 글을 무작정 쓰다 보면 글에 꼭 들어가야 하는 내용들을 빠트리기 쉽습니다. 예를 들어 제안하는 글쓰기에서 문제 상황을 빠트리고 글을 쓴다면 글을 읽는 사람은 왜 이러한 제안을 하는지 이해하기 어렵습니다.
◆ 글에 따라서는 내용에 순서가 정해져 있는 경우가 있습니다. 예를 들어 편지글을 쓰는데 전하고 싶은 말을 먼저 쓰고 그 다음 첫인사가 나온다면 어색할 것입니다. 순서가 정해져 있는 경우에 번호를 매겨두면 헷갈리지 않습니다.

3. 자기 평가하기

글을 쓰고 난 다음에 전체적으로 읽으며 자기 평가의 과정을 거쳐야 합니다. 또 소리를 내어 읽어보면 글을 쓸 때는 찾기 어려웠던 어색한 부분을 찾을 수 있습니다. 이러한 부분들을 찾아 고칩니다.

> 자기 평가를 할 때 참고할 수 있는 내용들
> - 띄어쓰기나 맞춤법이 틀린 곳은 없나요?
> - 문장이 어색한 부분은 없나요?
> - 너무 길게 쓴 문장은 없나요?
> - 주제와 어울리는 글인가요?
> - 읽을 대상을 생각하며 쓴 글인가요?
> - 글의 처음, 중간, 끝 부분에 적절한 내용이 들어갔나요?

4. 모르는 내용이 있을 때

수업에서 잘 이해되지 않았던 부분이나 글을 쓰다가 생긴 궁금증은 메모해두었다가 선생님께 질문합니다.

> Q. 제안할 사람이 친구들일 때 꼭 존댓말을 써야 할까?

5. 고쳐 쓸 부분이 있을 때

노트 필기한 내용 그대로 한 편의 글이 될 수도 있지만 필기에 살을 붙여 더 긴 글을 쓸 수도 있습니다. 생각나는 내용을 포스트잇에 적어 붙입니다.

> 제안하는 까닭 한 가지 더 쓰기

> '좋겠습니다.'로 바꾸기

02 글쓰기 영역

4단계 글쓰기를 위한 노트 필기의 종류

❶ 편지글 쓰기 (6학년 1학기 9. 마음을 나누는 글을 써요)

	20XX. X. X
단원명	9. 마음을 나누는 글을 써요
학습문제	마음을 나누는 글 쓰기
받을 사람	할머니께
첫인사, 안부	할머니, 추더운 날씨에 건강하시지요?
편지를 쓴 이유	할머니 생신을 축하해 드리고 싶어서 편지를 썼어요.
전하고 싶은 말	다음 주말에 부모님과 할머니를 뵈러 갈게요.
끝인사	주말에 뵐 때까지 건강하세요! 안녕히 계세요.
쓴 날짜	20XX년 X월 X일
쓴 사람	할머니의 손녀 OO 드림

❷ 의견이 드러나는 글쓰기 (4학년 2학기 5. 의견이 드러나게 글을 써요)

	20XX. X. X
단원명	5. 의견이 드러나게 글을 써요
학습 문제	자신의 의견을 제시하는 글 쓰기
제목 또는 읽을 사람	자기 자리를 잘 치우지 않는 친구들에게
문제 상황	자기 자리를 잘 치우지 않아 교실이 지저분해 보입니다.
나의 의견	하교하기 전에 다같이 3분 청소 시간을 가지면 좋겠습니다.
뒷받침하는 까닭	① 왜냐하면 다같이 청소하면 짧은 시간에 금방 청소를 할 수 있기 때문입니다. ② 모든 친구들이 참여할 수 있기 때문입니다.

❶ 글을 써야 하는데 어떤 내용을 써야 할지 떠오르지 않는다면 아래 노트를 참고합니다.

❸ 독서 감상문 쓰기 (4학년 2학기 7. 독서 감상문을 써요)

20XX. X. X.

단원명	7. 독서 감상문을 써요
학습 문제	글을 읽고 독서 감상문 쓰기
책 제목	흥부와 놀부
읽은 이유	형제와 관련된 이야기라서 내 동생이 생각 났다.
책의 내용	흥부와 놀부라는 형제가 있었는데 …… (중략)
생각이나 느낌	읽으면서 동생 생각이 나서 내 동생에게 추천해주고 싶다.

❹ 기행문 쓰기 (5학년 1학기 7. 기행문을 써요)

20XX. X. X.

단원명	7. 기행문을 써요
학습 문제	여정, 견문, 감상이 드러나게 기행문 쓰기
여행한 까닭	내가 좋아하는 책 속에 등장하는 곳이라 여행을 해보고 싶었다.
여정	① ○○ 폭포 → ② ○○ 공원 → ③ ○○ 전망대
여정 ①	견문: 표지판을 보니 ○○ 폭포는 입구에서 1km 더 올라가야 했다. 감상: 시원하게 쏟아지는 물줄기 때문에 내 마음도 시원해졌다.
여정 ②	견문: 아버지께서 ○○ 공원은 가을의 단풍이 아름답다고 말씀해주셨다. 감상: 가을에 다시 와보고 싶다는 생각이 들었다.
여정 ③	견문: 날씨가 맑으면 ○○ 전망대에서 ○○ 산을 볼 수 있다고 한다. 감상: 오늘은 날씨가 조금 흐려 아쉬운 마음이 들었다.
전체 감상	오랜만에 자연을 마음껏 느낄 수 있는 시간이었다.

❺ 논설문 쓰기 (6학년 2학기 3. 타당한 근거로 글을 써요)

	20XX. X. X.
단원명	3. 타당한 근거로 글을 써요
학습 문제	상황에 알맞은 자료를 활용해 논설문 쓰기
제목	서로 배려하며 층간 소음을 줄여요!
서론	┌ 문제 상황: 층간 소음 문제로 이웃 간 사이가 좋지 않다. └ 나의 주장: 층간 소음을 줄이기 위한 노력이 필요하다.
본론	┌ 근거1: 층간 소음 문제로 밤에 잠을 자기 힘든 이웃들이 있다. ├ 근거2: 층간 소음을 줄이면 이웃 간 다툼이 줄어든다. └ 근거3: 우리 동네 누리집에 층간 소음에 대한 글이 많이 올라온다.
결론	┌ 요약: 층간 소음 문제로 어려움을 겪는 이웃들이 있다. └ 주장: 층간 소음 문제를 줄이려는 노력을 해야 한다.

❻ 뉴스 원고 쓰기 (6학년 2학기 6. 정보와 표현 판단하기)

	20XX. X. X.
단원명	6. 정보와 표현 판단하기
학습 문제	관심 있는 내용으로 뉴스 원고 쓰기
뉴스 제목	덩쑤: 즐거운 우리 문화 축제 한마당 속으로
진행자의 도입	보도할 내용: ○○초등학교에서 전통 문화 축제가 열렸습니다. 즐거운 축제 속으로 들어가 볼까요?
기자의 보도	면담한 내용: ○○초등학교 6학년 홍길동 학생은 수업시간에 배운 탈춤을 발표하고 우리 문화를 사랑하게 되었다고 합니다. 자료: ○○초등학교 학생들의 즐거운 축제 모습을 사진으로 담았습니다.
기자의 마무리	전체 내용 요약: ○○초등학교 학생들은 수업 시간에 배운 탈춤, 사물놀이 등을 발표하며 보람도 느끼고 우리 문화에 대해 더 잘 알게 되는 시간을 가졌습니다. 이상 ○○○ 기자였습니다.

독서감상문 쓰기를 잘하려면?

간단한 줄거리를 쓰고 난 후 더 이상 무엇을 써야 할지 떠오르지 않나요? 아래 질문 중에서 하나를 골라 답을 쓰는 식으로 독서감상문을 써보세요. 어느새 알찬 독서감상문이 완성됩니다.

- 이 책을 읽은 이유는 무엇인가요?
- 이 책에서 가장 마음에 든 문장이 있나요? 그 문장이 마음에 든 이유는 무엇인가요?
- 이 책을 추천해주고 싶은 사람은 누구인가요? 왜 추천하고 싶은가요?
- 내가 만약 작가라면 책의 제목을 어떻게 바꾸고 싶나요?
- 내가 이 책의 2탄을 만든다면 어떤 내용을 담고 싶나요?
- 이 책을 읽고 새롭게 알게 된 점은 무엇인가요?
- 이 책을 읽고 더 궁금한 것이 있나요?
- 가장 기억에 남는 인물은 누구인가요? 왜 그 인물이 기억에 남았나요?
- 만약 내가 주인공이라면 어떻게 행동할 거 같나요?
- 책의 등장인물을 인터뷰할 수 있다면 어떤 질문을 하고 싶나요?
- 내가 책 속의 등장인물이라면 어떤 일을 하고 싶은가요?

> 질문을 가지고 어떻게 독서감상문을 쓰는지 살펴볼까? 위의 질문을 그대로 적는 것이 아니라 문장 안에 녹여내야 해. 질문과 답변을 어떻게 자연스럽게 이어 쓸지 생각해봐.

이 책을 읽게 된 이유는 (교과서에 실리지 않은 부분의 이야기가 궁금했기 때문이다. 책의 앞부분만 교과서에 실려 있기 때문에 뒷부분에서 주인공이 문제를 어떻게 해결 했을지 알고 싶었다.)

> 답변은 한 문장이 될 수도 있지만 내 생각을 자세하게 쓴다면 여러 문장이 될 수도 있지. 책을 읽고 난 후의 생각이나 느낌은 사람마다 다르기 때문에 나의 생각을 풀어낸다면 친구들과는 다른 나만의 독서감상문을 쓸 수 있어.

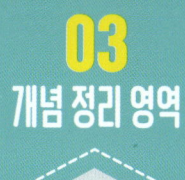

03 개념 정리 영역

1단계 수업에 들어가기 전,
교과서를 읽으며 배울 개념을 찾아요

학습 문제 확인하기
오늘은 토의 절차와 방법에 대해 알아보는 시간이구나!
그렇다면 토의 절차와 토의 방법이 핵심 개념이겠네.

세부 내용 확인하기
전체 순서를 설명하는 내용 다음에 첫 번째 순서에 대한 내용이 나왔으니 다음 장에는 그 다음 순서가 등장하겠군!

5학년 1학기 6. 토의하여 해결해요

전체 내용 확인하기
순서가 정해져 있는 내용이기 때문에 전체 순서를 잘 확인해야겠네.

03 개념 정리 영역

2단계 수업 중에는,
다양한 표시를 활용하며 핵심 개념을 파악해요

핵심 내용 확인하기
중요한 내용에 **형광펜**으로 밑줄을 그어보자.

번호 붙이기
순서가 중요한 내용이니 번호를 붙여보자.

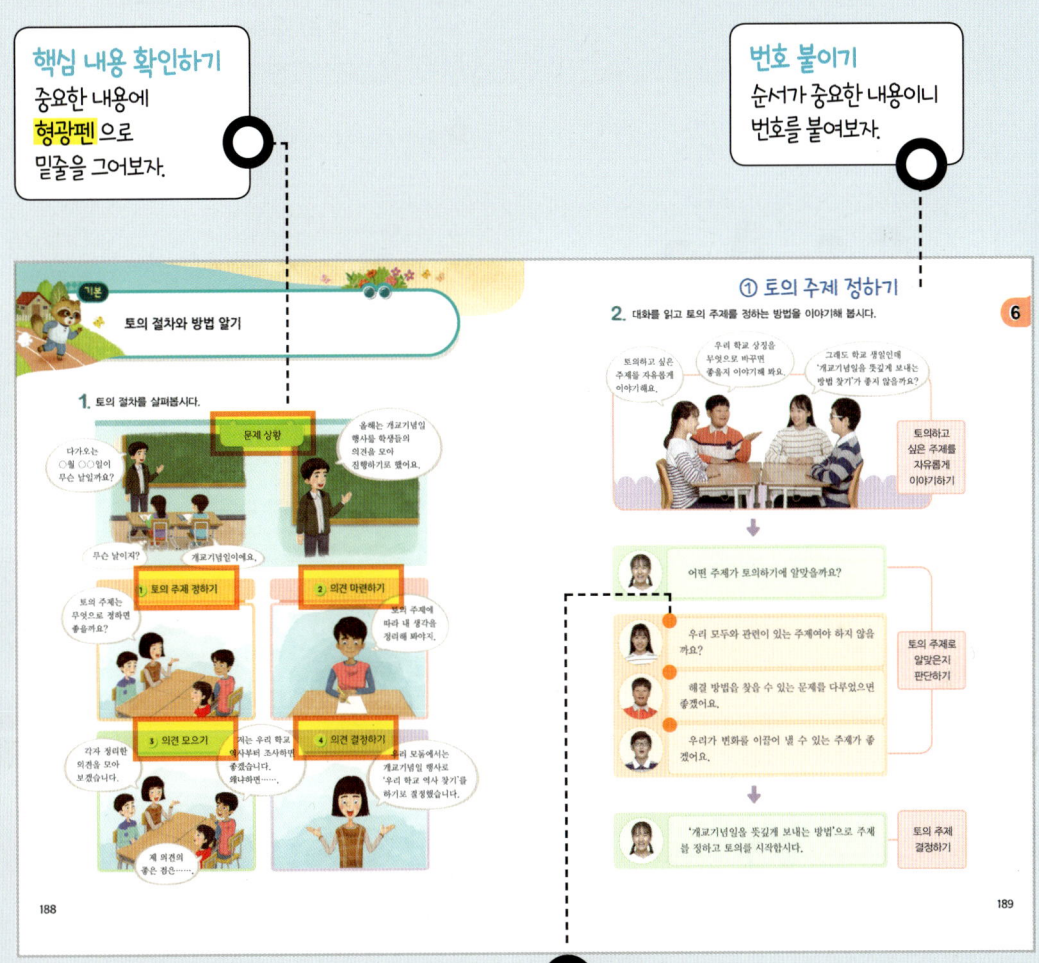

다양한 표시 활용하기
같은 번호가 여러 번 표시되면 내용을 정리할 때 헷갈릴 수 있어.
#, -, ● 등 다양한 표시를 활용해보자.

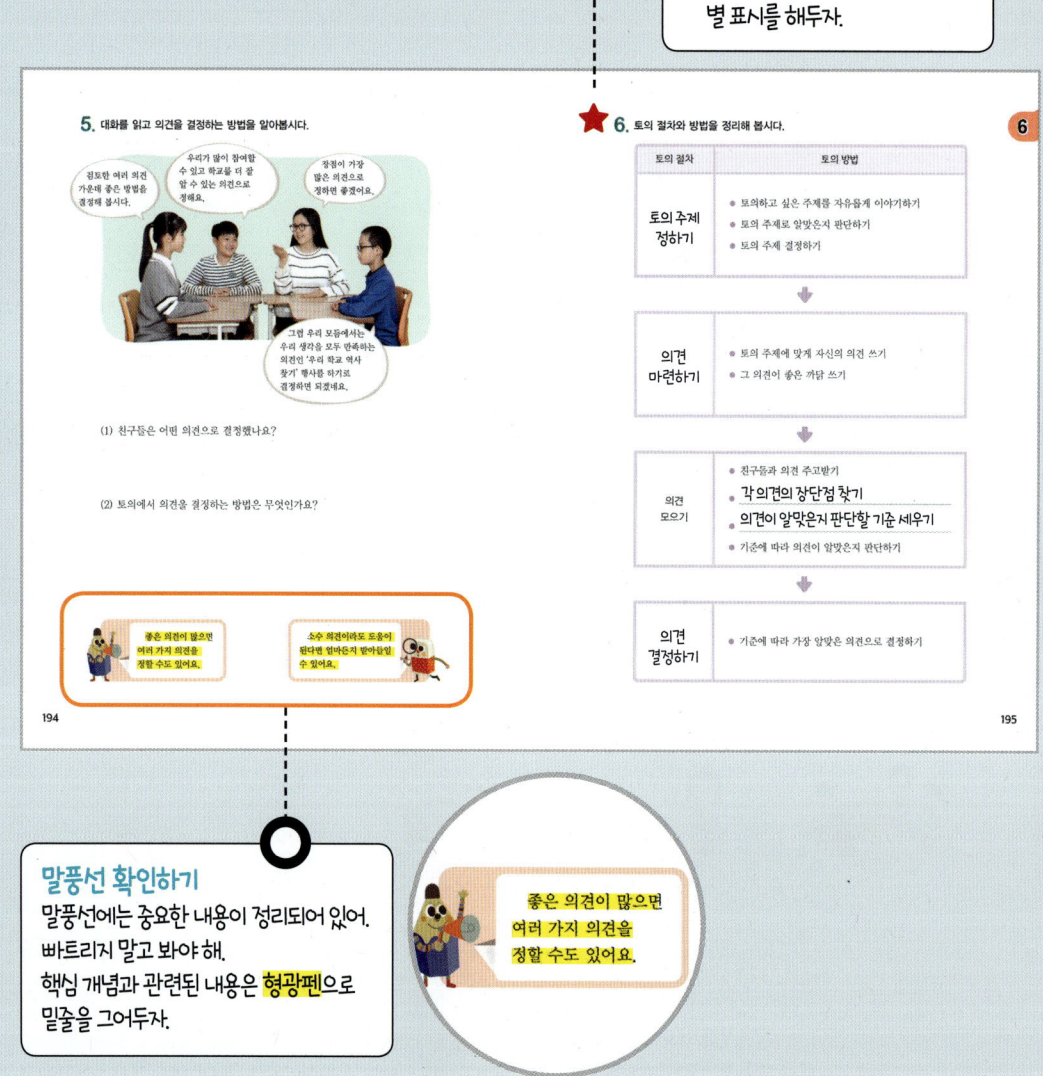

03 개념 정리 영역

3단계 수업이 끝난 후,
핵심 개념을 보기 좋게 구조화하여 필기해요

❶ 국어는 개념에 대한 뜻 자체보다는 개념과 관련된 내용을 이해해야 하는 경우가 많습니다. 정리한 노트를 보며 머릿속에 전체적인 내용을 순서나 흐름에 맞게 떠올려보세요.

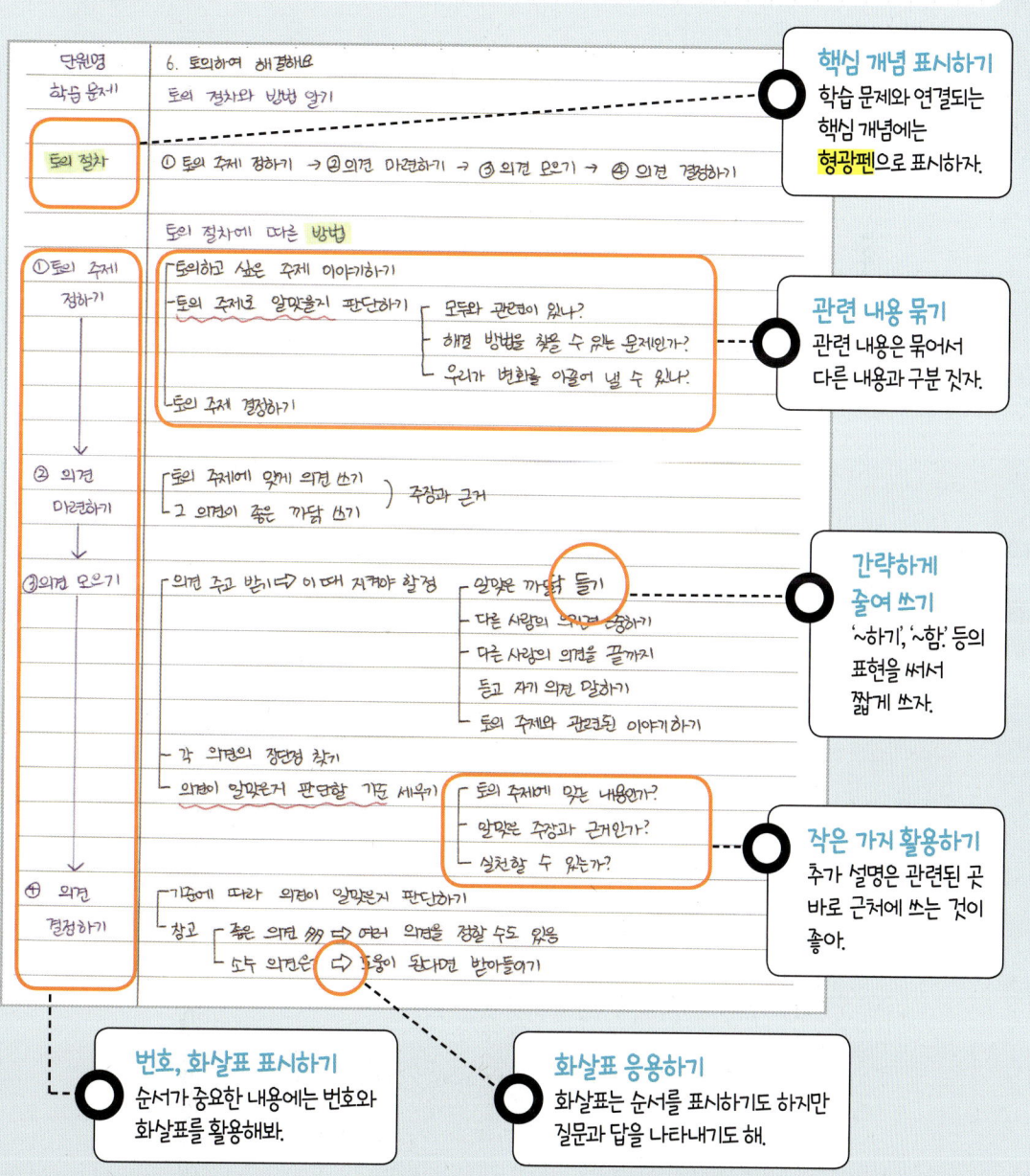

개념 정리를 잘하려면?

1. 핵심 개념 표시하기

핵심 개념은 곧 학습 문제와 연결되어 있습니다. 이 부분은 노트에 필기한 후 ==형광펜==으로 표시하여 눈에 띄게 합니다.

2. 번호, 화살표 표시하기

◆ 순서가 중요한 내용에는 번호와 화살표를 활용합니다. 전체 흐름이 잘 보이게 하기 위해 화살표를 길게 표시할 수도 있습니다.
◆ 화살표는 가로, 세로 등 필요한 방향으로 활용하여 정리합니다.

가로 화살표의 예	세로 화살표의 예
①토의 주제 정하기 → ②의견 마련하기	①토의 주제 정하기 ↓ ②의견 마련하기

3. 관련 내용 묶기

서로 관련된 내용을 묶어 정리하면 다른 내용과 섞이지 않게 구분 지을 수 있습니다.

묶기 전	묶은 후
어떤 내용이 서로 관련 있는 내용인지 알기 어렵습니다. 토의하고 싶은 주제 이야기하기 토의 주제로 알맞을지 판단하기 토의 주제 결정하기 토의 주제에 맞게 의견 쓰기 그 의견이 좋은 까닭 쓰기	서로 관련된 내용이라는 것이 한눈에 보입니다. ⎡ 토의하고 싶은 주제 이야기하기 ⎢ 토의 주제로 알맞을지 판단하기 ⎣ 토의 주제 결정하기 ⎡ 토의 주제에 맞게 의견 쓰기 ⎣ 그 의견이 좋은 까닭 쓰기

4. 간략하게 줄여 쓰기

◆ '~합니다.' '~했습니다.' 보다는 '~하기', '~함' 등을 통해 내용을 짧게 정리하면 국어 노트 필기를 깔끔하게 할 수 있습니다.

줄여 쓰기 전	간략하게 줄여 쓴 후
다른 사람의 의견을 존중합니다.	다른 사람 의견 존중하기

◆ 조사(~을/를, ~이/가 등)를 삭제하면 간단하게 줄여 쓸 수 있습니다.

5. 작은 가지 활용하기

고학년 국어의 경우 개념에 대한 내용과 추가 설명이 이어지는 경우가 있습니다. 이때 관련된 내용을 묶어 정리할 때처럼 작은 가지를 활용하여 관련 내용 바로 옆에 노트 필기를 하는 것이 좋습니다. 다른 부분에 필기를 하면 나중에 그 내용이 무엇에 관련된 것인지, 어떤 맥락으로 등장한 것인지 알기 어렵습니다.

6. 화살표 응용하기

화살표는 순서를 나타내기도 하지만 질문과 그에 대한 답을 나타낼 때도 활용할 수 있습니다.

노트 필기 전	노트 필기 후
질문: 소수의 의견은 어떻게 하면 좋을까요? 답변: 소수의 의견도 도움이 된다면 얼마든지 받아들입니다.	소수 의견은? → 도움이 된다면 받아들이기

2. 수의 원리와 도형의 정의가 중요한 수학 노트

초등학교 6학년까지만 해도 반에서 수학 잘한다는 소리를 듣던 학생이 중학교에 가면 수학을 어려워하는 경우가 많습니다. 초등학교와 중학교의 수학 내용 차이 때문일까요? 아닙니다. 자기 주도적으로 수학을 공부하는 습관이 몸에 배지 않고, 개념을 이해하지 않았기 때문입니다.

수학 개념을 이해하는 가장 좋은 방법은 무엇일까요? 바로 교과서에 나와 있는 개념과 정의를 스스로 이해할 수 있는 능력을 키워야 합니다. 이를 위한 가장 효과적인 방법은 수학 노트 필기입니다.

배운 내용을 나만의 언어로 정리하고, 이해가 안 되는 부분은 질문하고 답하는 과정을 하나의 노트에 정리하면 수학 개념을 확실히 이해하고 다양한 문제 상황에 적용할 수 있습니다.

초등학생 때부터 노트에 필기하는 습관을 기른다면 중학교, 고등학교에 가서도 흔들리지 않고 자기 주도적으로 수학 공부를 할 수 있습니다.

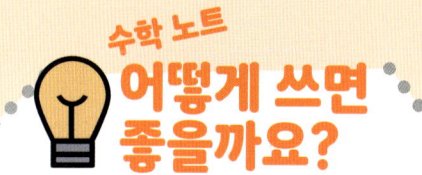

수학 노트 어떻게 쓰면 좋을까요?

❶ 노트 필기의 기본은 수학 교과서부터

교실에서 이루어지는 대면 수업과 온라인 수업의 형태는 다양하지만, 학습의 기본은 교과서입니다. 학생은 수학의 개념, 원리, 법칙을 이해하고 기능을 습득하여 주어진 문제를 수학적으로 해석하고 문제를 해결해야 합니다. 이 모든 것을 학생 스스로 할 수 있도록 교과서를 구성했기 때문에 노트 필기의 기본은 수학 교과서입니다. 수학 교과서의 개념 설명 흐름을 파악하고 스스로 필기할 수 있을 때 수학의 개념, 원리, 법칙을 이해할 수 있습니다.

❷ 수학 개념을 설명할 수 있어야 한다!

내가 공부한 수학 개념을 친구 또는 부모님께 자신 있게 설명할 수 있어야 합니다. 교과서에 나와 있는 개념을 똑같이 쓰고 말하는 것이 아닌 이 개념을 어떻게 이해했는지 나만의 언어로 설명할 수 있어야 합니다. 가장 중요한 것은 교과서에 나와 있는 개념을 적을 때 내가 이해한 내용을 바탕으로 적어야 한다는 것입니다.

❸ 수학 노트에 포스트잇을 활용하자

수학 노트는 한 번 쓰고 끝나는 게 아닙니다. 계속해서 내용을 보충하고 반복해서 봐야 합니다. 노트의 여백이 부족해서 보충할 내용을 넣지 못하는 경우가 있습니다. 이때 포스트잇에 보충할 내용을 적은 후 붙이면 좋습니다. 포스트잇이 기존 내용을 가리면 포스트잇을 접어서 붙이면 됩니다. 나중에 노트를 볼 때 접은 포스트잇을 펼쳐서 내용을 확인할 수 있습니다. 포스트잇에는 질문에 대한 답, 보충 내용, 다른 풀이, 좋은 문제 등을 추가하면 좋습니다.

> ➕ **수학 노트 필기! 어떤 영역을 살펴볼까요?**
> ① 수학의 꽃! **수와 연산 영역**
> ② 정의가 승리한다! **도형과 측정 영역**
> ③ 양감을 기르자! **측정 영역**

01 수와 연산 영역

1단계 수업에 들어가기 전, 오늘 배울 계산 원리를 확인해요

❶ 학습에 가장 기본이 되는 것은 교과서입니다. 반드시 수업 전에 교과서를 보고 수업을 들어야 합니다.

❷ 지난 시간 배운 내용과 오늘 배울 내용의 공통점과 차이점을 확인하면 좋습니다.

지난 시간에 배운 내용과 비교하기
지난 시간에 배운 내용과 오늘 배울 내용의 차이점을 생각해봐.

중요한 부분 찾기
오늘 공부할 내용 중 중요하다고 생각하는 부분을 찾고 빨간색 볼펜으로 밑줄을 그어보자. 문제 풀이의 핵심이 되는 부분은 형광색으로 칠해봐.

6학년 2학기 1. 분수의 나눗셈

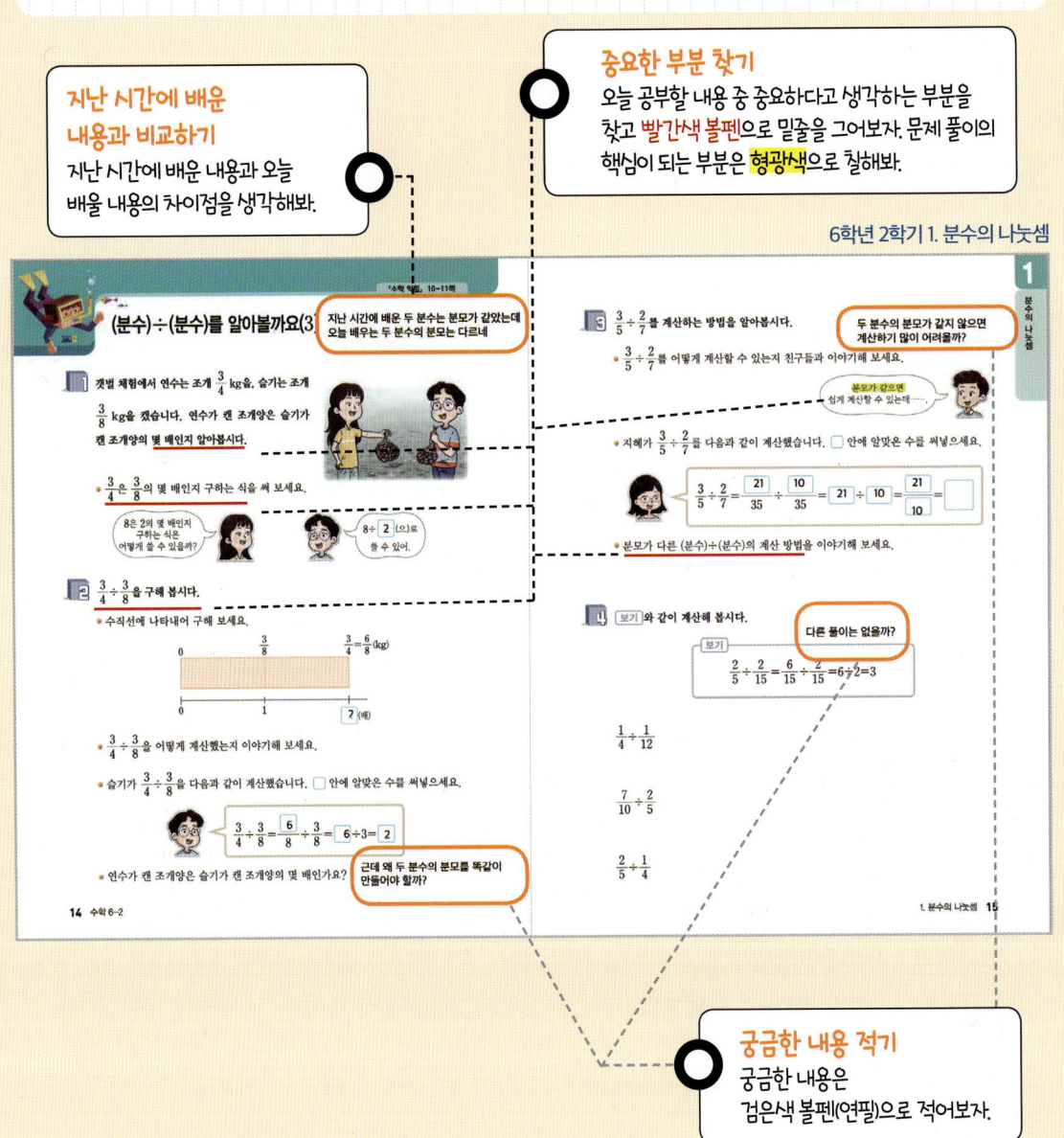

궁금한 내용 적기
궁금한 내용은 검은색 볼펜(연필)으로 적어보자.

52

01 수와 연산 영역

2단계 수업 중에는, 풀이 과정을 꼼꼼하게 적어요

❶ '왜'라는 질문을 하면서 수업을 들어야 합니다. '왜 통분을 해야 할까?', '통분하지 않고 계산할 수는 없을까?'와 같은 질문을 하면서 개념을 이해해야 합니다.

※ 온라인 수업을 들을 때는 '일시 정지'를 누르고 이해가 안 되는 부분을 포스트잇에 적어두고 선생님을 만났을 때 질문합니다.

문제 풀기
문제를 풀 때는 연필로 자세하게 풀이 과정을 적는 게 중요해.

중요 내용 쓰기
선생님께서 중요하다고 하신 내용은 파란색 볼펜으로 쓰고, 빨간색 볼펜으로 표시하자.

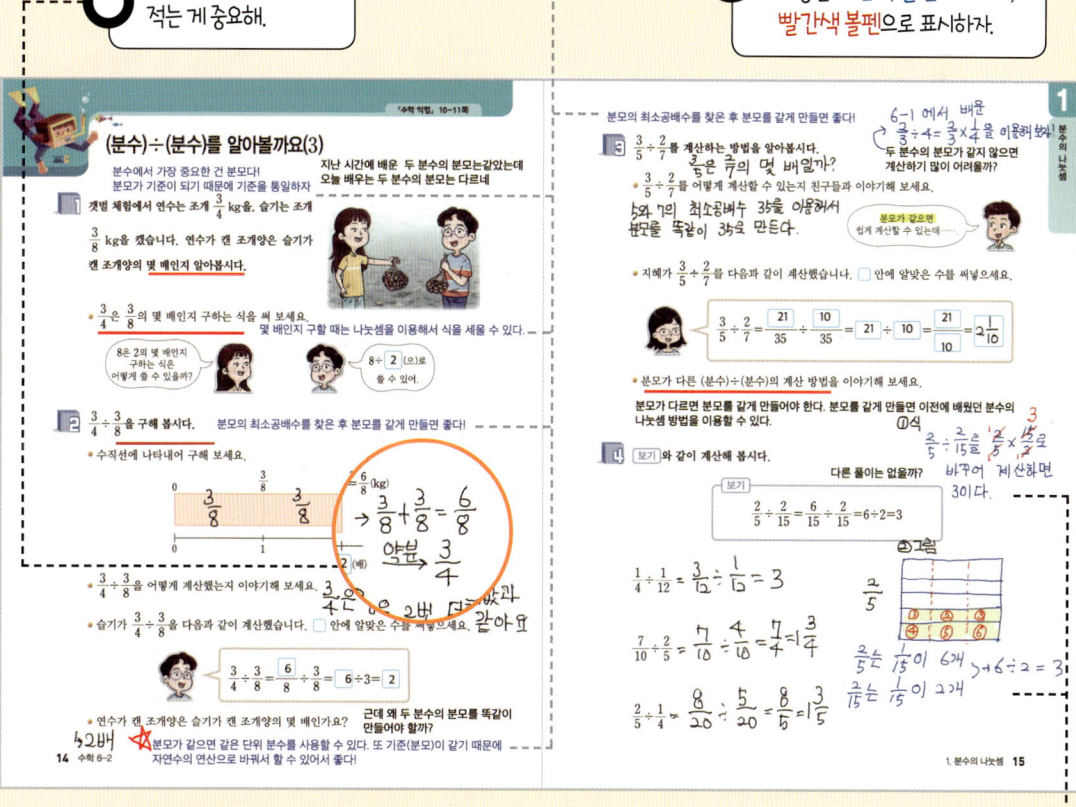

다양한 풀이 쓰기
다양한 풀이가 있으면 교과서에 정리해봐. 내가 이해한 내용을 바탕으로 정리하는 것 잊지 마.

01 수와 연산 영역

3단계 수업이 끝난 후, 계산 원리와 계산 방법을 노트에 필기해요

STEP 1 공부한 내용을 바탕으로 노트에 필기해요

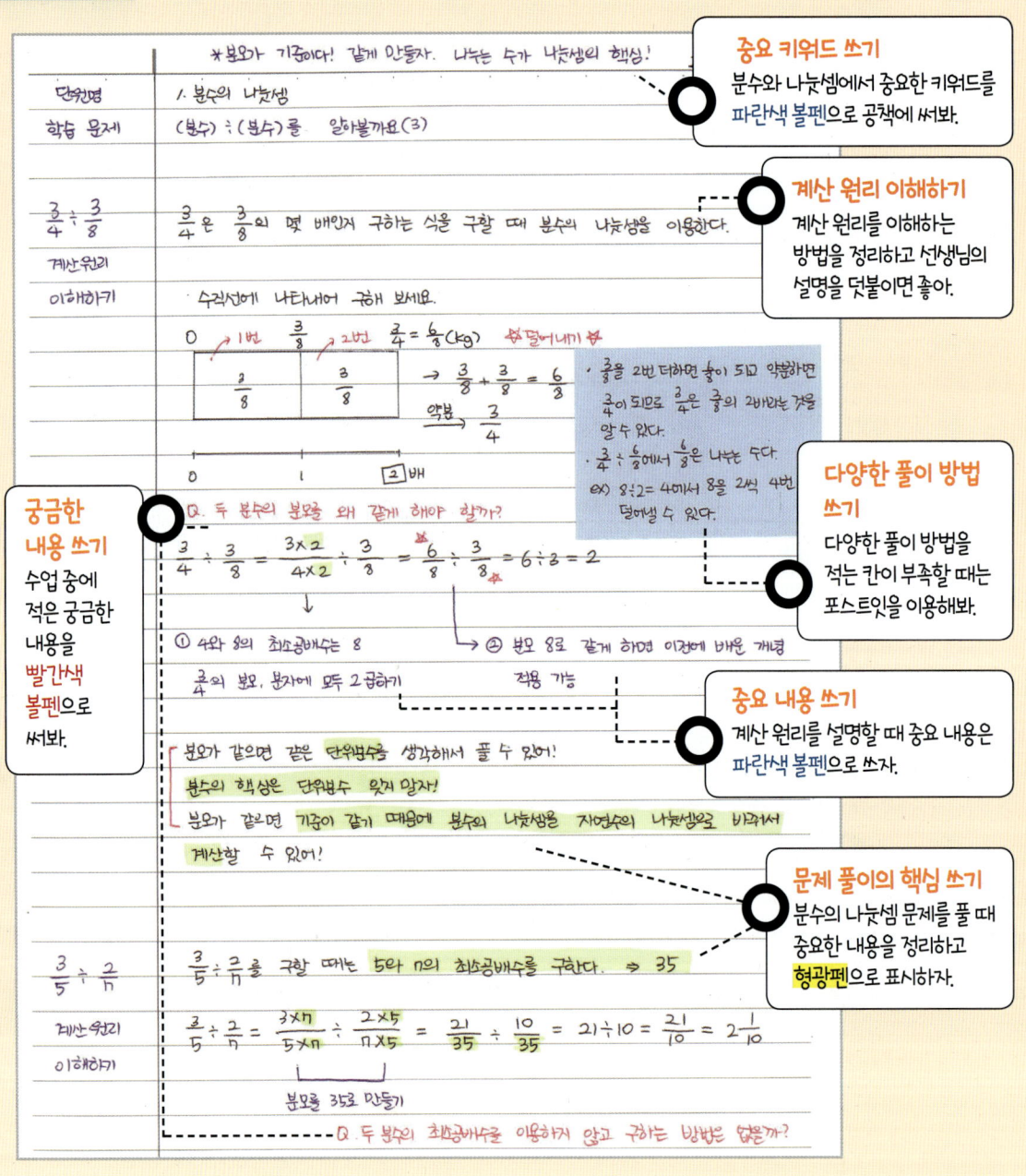

❶ 교과서를 다시 보면서 흐름을 이해해야 합니다. 나만의 언어로 정리하기 위해서는 오늘 공부한 내용과 흐름을 생각해야 합니다.

❷ 내가 한 질문에 답이 될 수 있는 내용을 바탕으로 수학 개념과 원리 등을 정리합니다.

STEP 2 포스트잇을 활용해 수학 노트를 완성해요

1. 질문에 대한 답을 적을 때

Q. 왜 두 분수의 분모를 같게 해야 할까?

분모가 같으면 분자끼리만 계산할 수 있어.
(분수)÷(분수)를 (자연수)÷(자연수)로 계산할 수 있지.
분수의 핵심은 분모이기 때문에 기준이 되는 분모가 같으면 계산하기 훨씬 편하지.

수업 전, 중, 후에 궁금한 점을 빨간색 볼펜으로 적고 나만의 언어로 답을 적을 때는 검은색 볼펜(연필)을 사용합니다. 교과서 등의 내용을 그대로 옮겨 적지 말고 내가 이해한 내용을 바탕으로 적는 습관을 가져야 합니다.

2. 보충할 내용이 있을 때

3학년 때 배운 나눗셈 개념 이용해서 풀기
8÷2=4를 구할 때 8에서 2씩 4번 빼면 0이다.

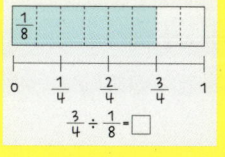

1을 8등분하면 한 칸이 $\frac{1}{8}$ 이다(단위분수 만들기).
$\frac{1}{8}$ 이 모두 6개가 있다.

$\frac{3}{4} \div \frac{1}{8} = \square$

$\frac{3}{4} \div \frac{1}{8}$ 를 구할 때 $\frac{3}{4}$ 에서 $\frac{1}{8}$ 을 6번 빼면 0이다.

수학은 한 문제에 다양한 풀이가 있습니다. 예를 들어 이전에 배운 나눗셈 개념을 적용해서 문제를 해결할 수 있습니다. 나눗셈이란 개념은 변하지 않기 때문에 분수의 나눗셈에서도 적용이 가능합니다.

3. 다시 풀어보면 좋은 문제가 있을 때

$\frac{12}{20} \div \frac{\square}{5}$ 의 계산 결과는 자연수입니다.
□ 안에 들어갈 수 있는 수는 얼마일까요?

두 분수의 분모가 다르기 때문에 20으로 만들기 위해서 통분해야 하는 건 알겠는데 계산 결과가 자연수가 나와야 한다는 말을 이해 못하겠다.

교과서, 익힘책, 문제집 등을 풀면서 잘 안 풀리는 문제를 노트에 붙여 놓으면 좋습니다. 나중에 개념 노트를 활용해 공부할 때 잘 모르는 부분이 무엇인지 알 수 있기 때문입니다.

1. 단원명 키워드 적기
단원명 '분수의 나눗셈'에서 중요 키워드는 '분수'와 '나눗셈'입니다. 분수와 나눗셈의 중요 내용을 파란색 볼펜으로 적습니다.

2. 계산 원리를 정리하고 질문에 답 적기
◆ 계산 원리를 설명하는 과정을 이해하고 나만의 언어로 정리해야 합니다.
◆ 새로운 계산 원리를 이해할 때는 지난 시간 학습한 내용을 바탕으로 이해하는 습관이 중요합니다. 예를 들어서 '왜 분모를 같게 만들어야 할까?'라는 질문을 통해서 지난 시간에 학습한 분모가 같은 (분수)÷(분수)의 계산 과정을 떠올려볼 수 있습니다. 이때 분모가 같으면 식을 어떻게 변형할 수 있는지 생각하는 것은 매우 중요합니다.
◆ 계산 결과만 적지 않고 계산 과정을 반드시 함께 적습니다.

3. 나만의 언어로 문제 풀이의 핵심 정리하기
문제 풀이의 핵심을 정리하고 형광펜으로 표시합니다.

4. 다양한 풀이 방법 알아보기
◆ 수학은 한 문제를 해결할 때 다양한 풀이 방법을 이용할 수 있습니다. 같은 문제를 다양한 풀이로 해결한 경험은 문제해결력과 추론 능력을 길러줍니다.
◆ 다양한 풀이를 쓸 공간이 부족할 경우 포스트잇을 이용하면 좋습니다.

수학 문제 연습장에 푸는 방법

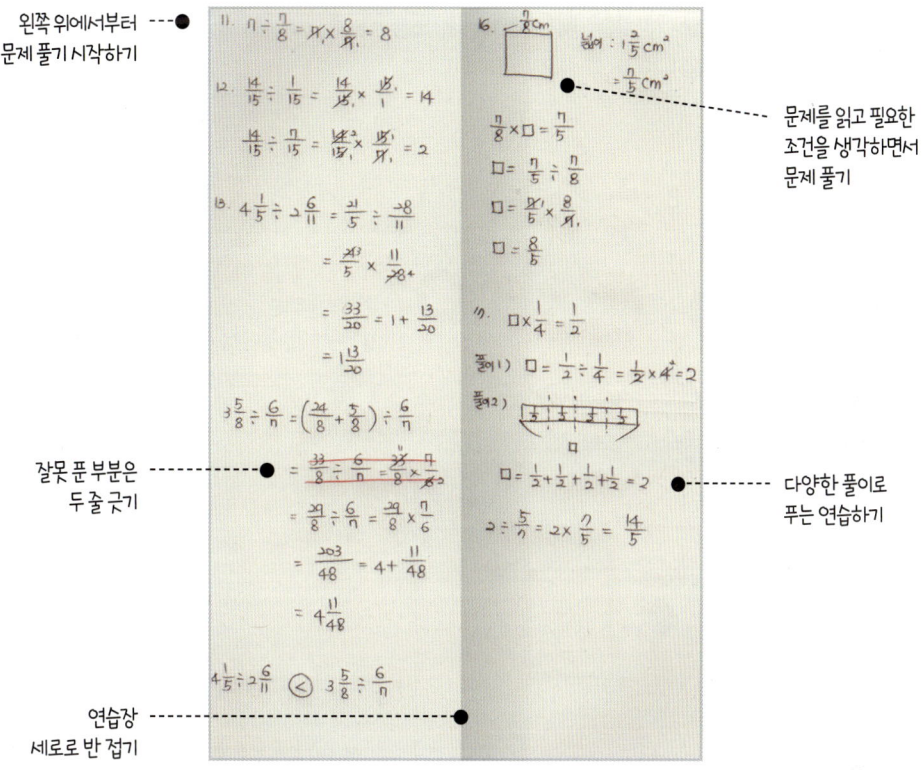

1. 연습장은 줄이 없는 노트를 사용하기

◆ 연습장은 줄이 없는 노트를 사용하는 것이 좋습니다.
◆ 문제를 풀기 전 연습장을 세로로 반 접어서 사용합니다.

2. 연습장의 왼쪽부터 쓰고 위에서 아래로 문제를 해결하기

◆ 반으로 접은 연습장의 왼쪽부터 문제를 풀기 시작합니다.
◆ 위에서 아래로 일정하게 내려오면서 연필로 문제를 풀어야 합니다.
◆ 수를 잘못 쓰거나 계산이 잘못된 부분은 지우개로 지우기보다는 두 줄을 긋는 것이 좋습니다.

02 도형과 측정 영역

1단계 수업에 들어가기 전, 도형의 정의를 생각해봐요

❶ 수업을 듣기 전 중요 개념을 확인합니다. 또 궁금한 내용을 적고 수업을 들으면 수업에 집중할 수 있습니다.

학습 문제 확인하기
사각형의 둘레를 구하는 방법을 배우는구나.

구하는 방법 알아보기
사각형의 둘레는 어떻게 구하면 될지 생각해보자!

5학년 1학기 6. 다각형의 둘레와 넓이

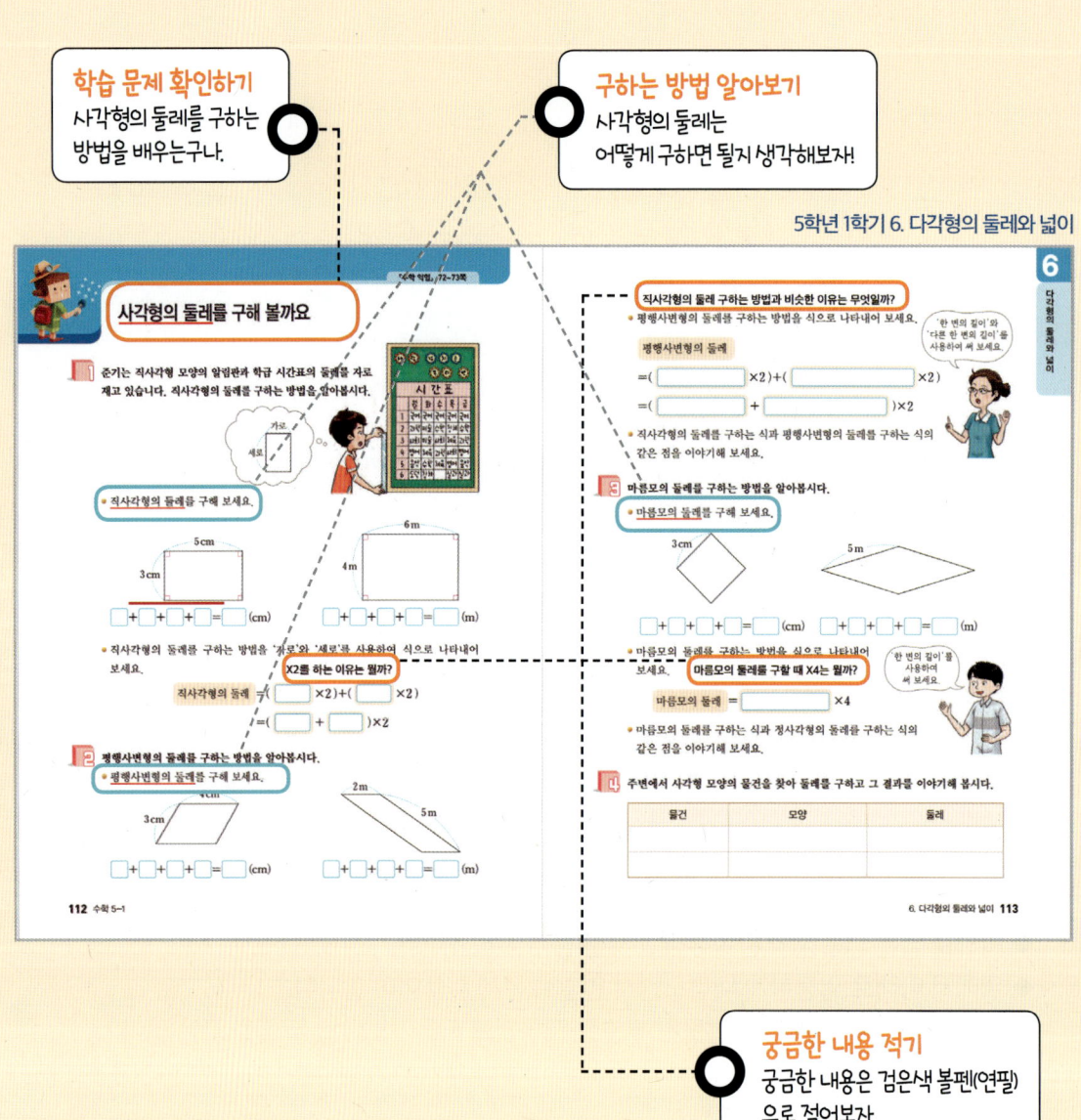

궁금한 내용 적기
궁금한 내용은 검은색 볼펜(연필)으로 적어보자.

02 도형과 측정 영역

2단계 수업 중에는, 도형의 정의와 원리를 그림에 표시하며 이해해요

❶ 도형의 정의를 생각하고, 주어진 문제를 해결할 수 있는 방법을 반드시 이해해야 합니다.

※ 온라인 수업을 들을 때 '일시정지'를 누르고 이해가 안 되는 내용을 생각해보거나 인터넷에 검색할 수 있습니다.

중요한 내용 정리하는 방법 알기
선생님께서 중요하다고 하신 내용은 파란색 볼펜으로 적고 빨간색 볼펜으로 ★ 표시를 해보자.

질문에 답 쓰기
수업 전에 궁금했던 내용의 답은 파란색 볼펜으로 적어봐.

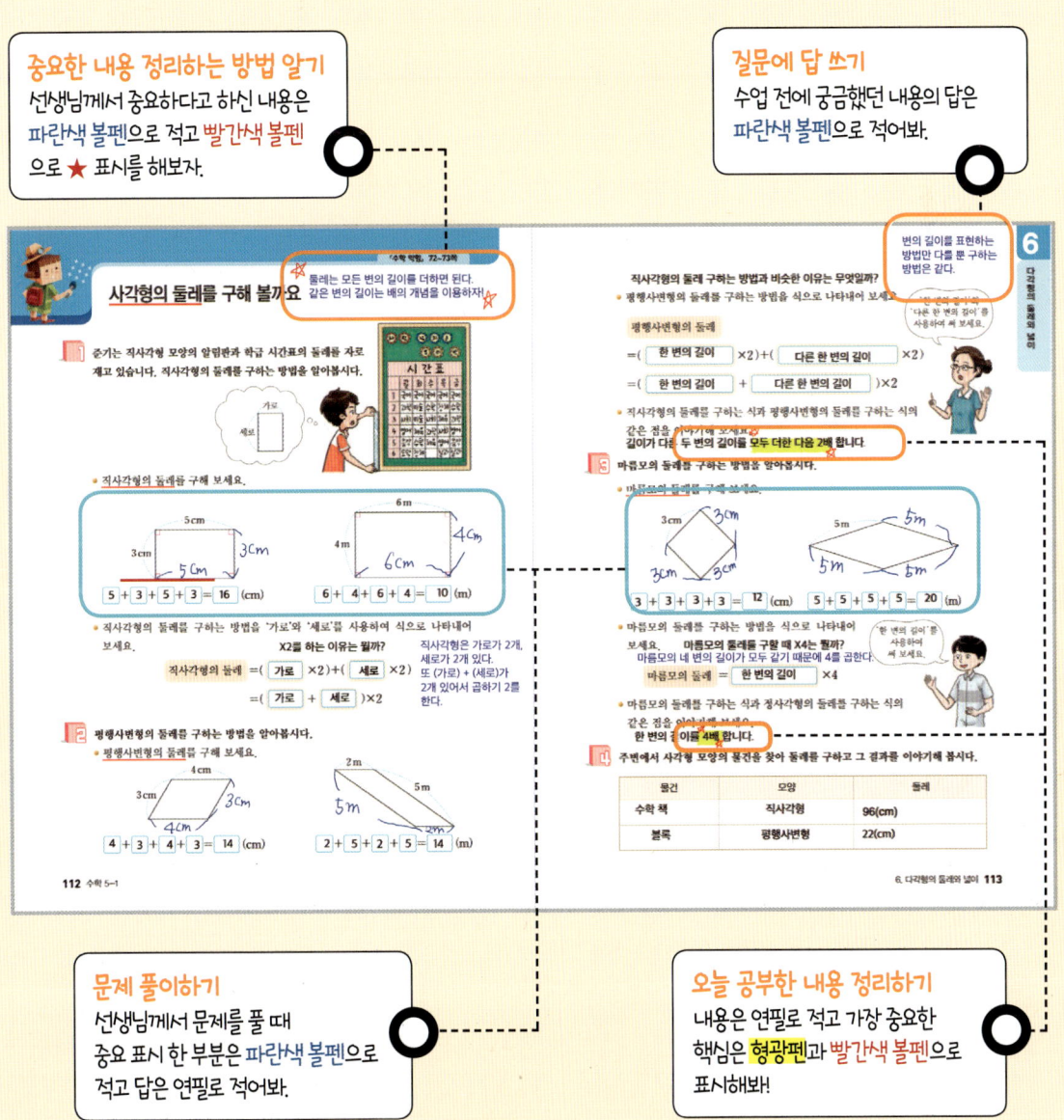

문제 풀이하기
선생님께서 문제를 풀 때 중요 표시 한 부분은 파란색 볼펜으로 적고 답은 연필로 적어봐.

오늘 공부한 내용 정리하기
내용은 연필로 적고 가장 중요한 핵심은 형광펜과 빨간색 볼펜으로 표시해봐!

02 도형과 측정 영역

3단계 수업이 끝난 후, **다양한 방법을 활용해서 노트에 필기해요**

STEP 1 공부한 내용을 바탕으로 노트에 필기해요

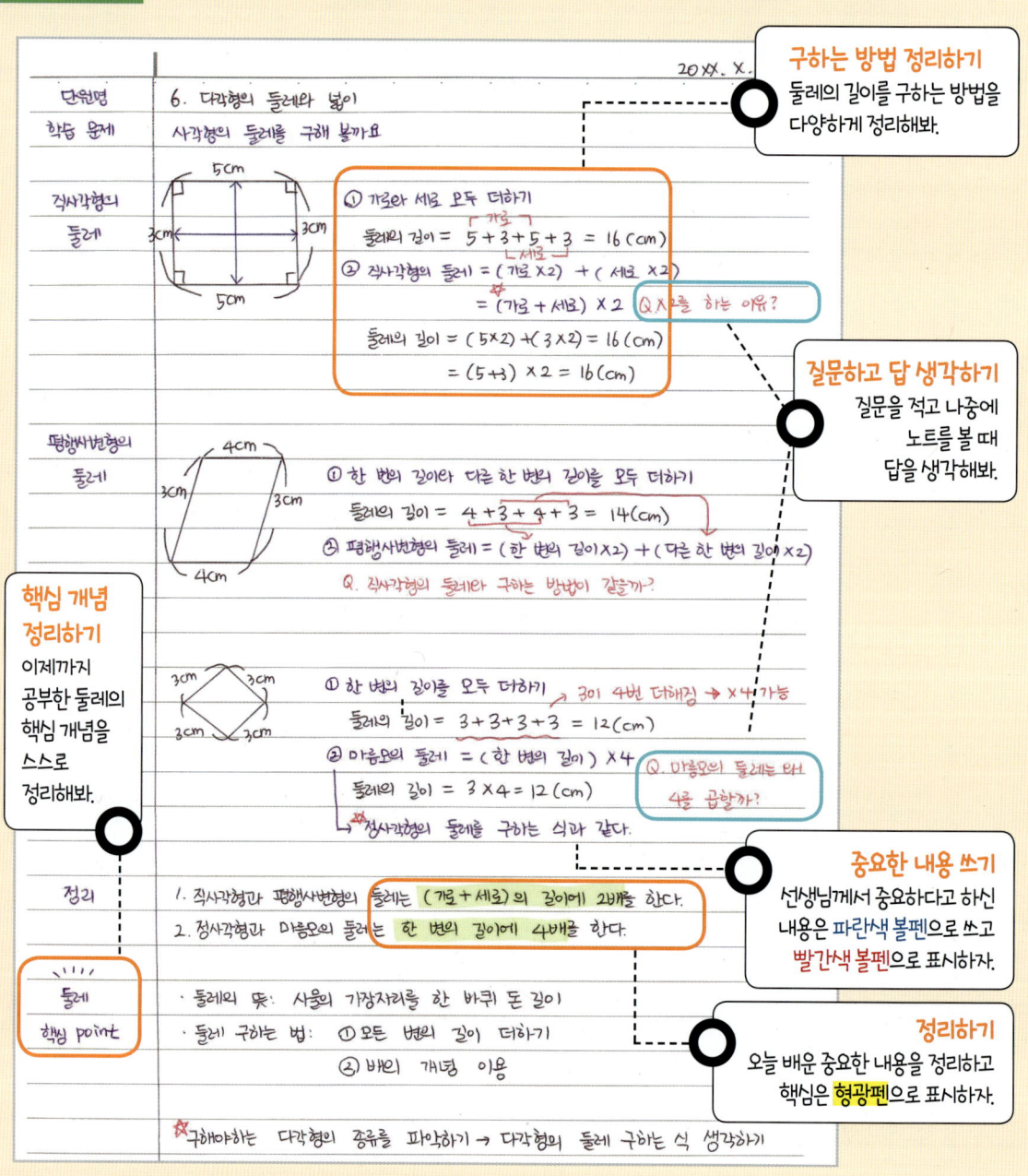

❶ 교과서를 다시 보면서 흐름을 이해해야 합니다. 나만의 언어로 정리하기 위해서 A4 용지에 오늘 공부한 내용을 교과서 등을 보지 않고 정리하고 난 후 노트에 옮겨 적습니다.

STEP 2 포스트잇을 활용해 수학 노트를 완성해요

1. 질문에 대한 답을 적을 때

> Q. 직사각형의 둘레를 구하는 방법이 같을까?
> 변의 길이를 표현하는 방법만 다를 뿐 구하는 방법은 같다.
> ×2를 잊지 말자!!
> 같은 길이를 여러 번 더하는 것 보다 배의 개념을 이용하는 것이 훨씬 편하고 좋다. 2배!!

수업 전, 중, 후에 궁금한 점을 빨간색 볼펜으로 적고 답은 나만의 언어로 정리해 검은색 볼펜(연필)으로 적습니다.

2. 보충할 내용이 있을 때

> 정사각형 : 네 변의 길이가 모두 같고 네 꼭지각이 모두 직각인 사각형
> 직사각형 : 네 각이 모두 직각인 사각형
> 평행사변형 : 마주 보는 두 쌍의 변이 서로 평행인 사각형
> 마름모 : 네 변의 길이가 모두 같은 사각형

도형은 정의와 용어가 무엇보다 중요합니다. 중요한 내용이 있으면 포스트잇에 적은 후 공책에 붙여 놓으면 나중에 다시 한 번 볼 때 도움이 됩니다. 길이가 같다는 부분은 둘레의 길이를 구할 때 중요하므로 파란색 볼펜으로 적습니다.

3. 다시 풀어보면 좋은 문제가 있을 때

> 둘레는 40cm이고, 가로가 세로보다 2cm 더 긴 직사각형이 있습니다. 이 직사각형의 세로는 몇 cm인지 풀이 과정을 쓰고 답을 구하시오.
> 가로가 세로보다 2cm 길다는 내용을 어떻게 이용해서 문제를 해결해야 할지 모르겠음.

개념을 이해하는 것도 중요하지만 이해한 개념을 문제에 적용하는 것도 중요합니다. 문제집 등에 있는 좋은 문제를 한 개 정도 골라서 노트에 정리합니다. 내가 왜 이 문제를 골랐는지 이유 또는 틀린 이유를 적으면 나중에 문제를 풀 때 도움이 됩니다.

03 측정 영역

1단계 수업에 들어가기 전,
이전에 학습한 내용을 생각해봐요

❶ 수업을 듣기 전 중요 개념을 확인합니다. 또 궁금한 내용을 적고 수업을 들으면 수업에 집중할 수 있습니다.

중요한 부분 찾기
무게의 덧셈과 뺄셈의 흐름을 확인하자. 중요한 부분에 빨간색 볼펜으로 밑줄 치고 내 생각을 검은색 볼펜(연필)으로 적어봐야지.

전에 배운 내용과 비교하기
들이의 덧셈과 뺄셈은 같은 단위끼리 계산했는데 무게의 덧셈과 뺄셈은 어떻게 하면 될지 생각해 보자.

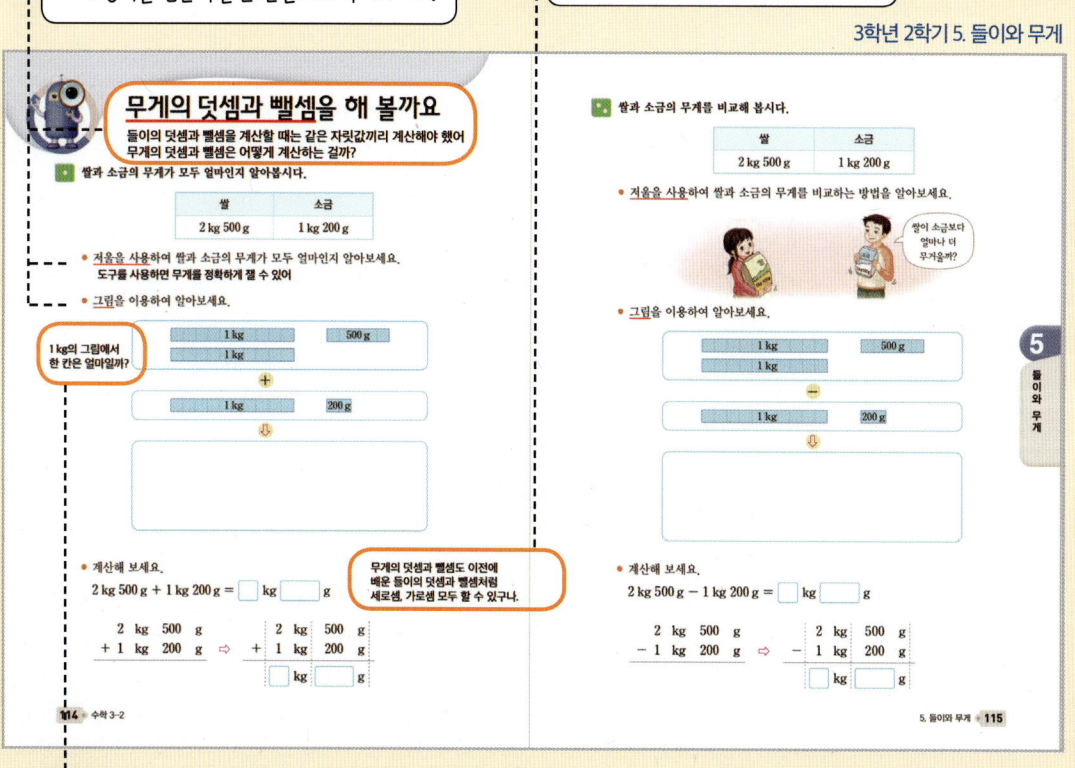

궁금한 내용 적기
궁금한 내용은 검은색 볼펜(연필)으로 적어보자.

03 측정 영역

2단계 수업 중에는,
단위와 원리를 확인하고 계산 방법을 알아봐요

❶ 무게의 덧셈과 뺄셈에서 중요한 개념과 원리가 무엇인지 파악해야 합니다. 교과서 그림을 이용해서 무게의 계산 원리와 단위의 중요성을 확인해봅시다.

중요한 내용 쓰기
선생님께서 중요하다고 하신 내용을 파란색 볼펜으로 쓰자.

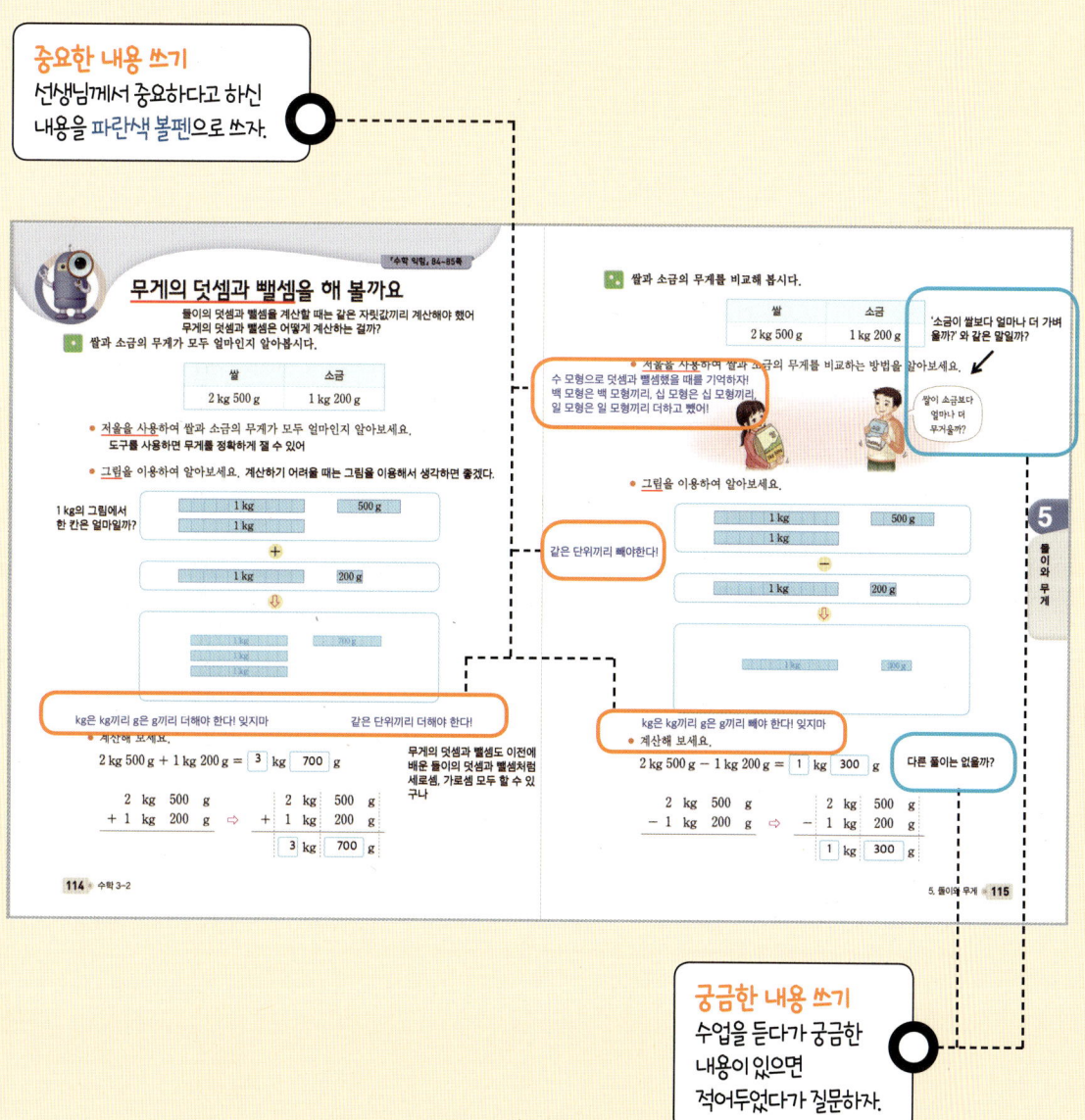

궁금한 내용 쓰기
수업을 듣다가 궁금한 내용이 있으면 적어두었다가 질문하자.

63

03 측정 영역

3단계 수업이 끝난 후,
단위 사이의 관계를 활용해서 노트에 필기해요

STEP 1 공부한 내용을 바탕으로 노트를 정리해요

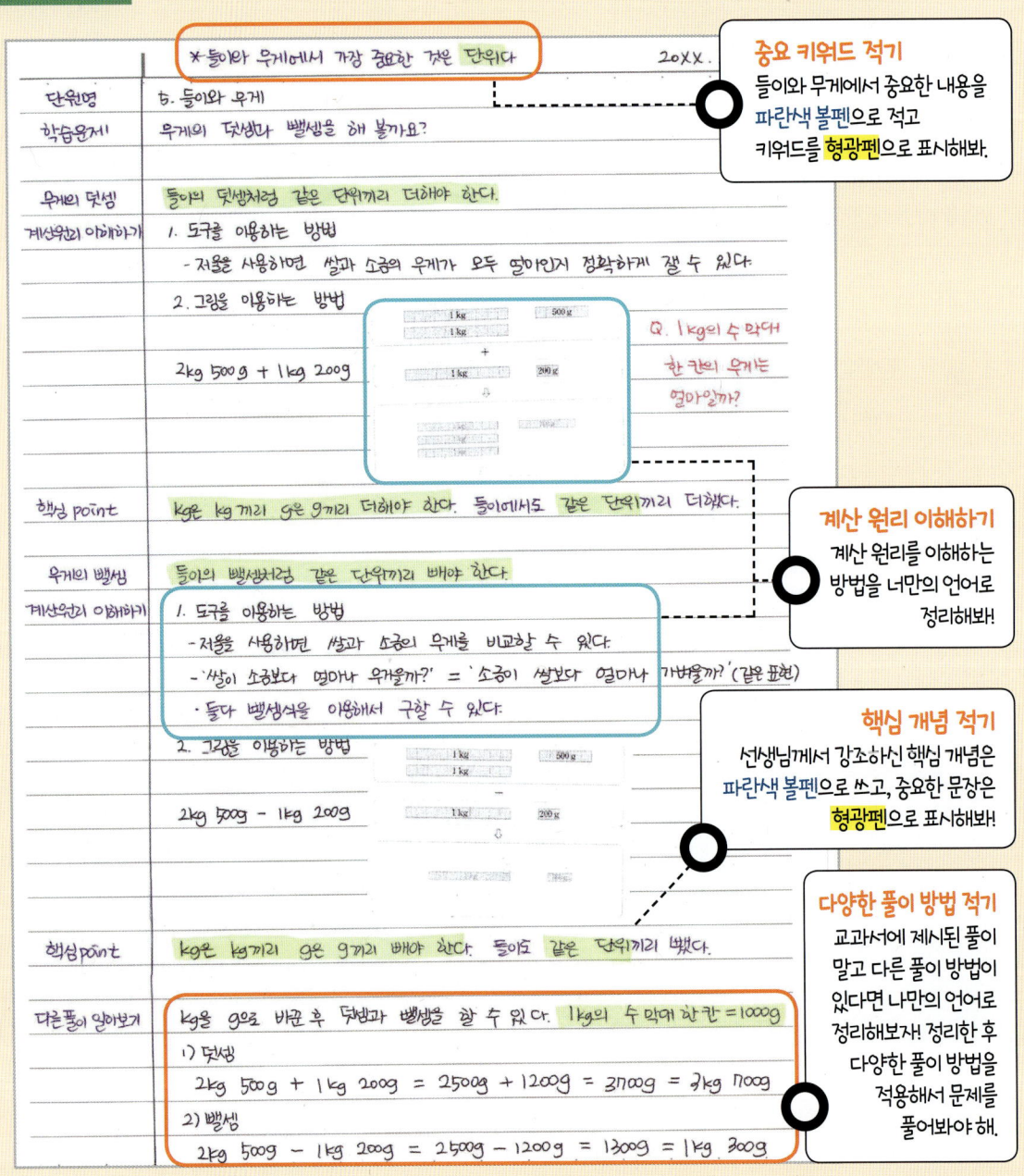

❶ 교과서를 다시 보면서 흐름을 이해해야 합니다. 나만의 언어로 정리하기 위해서는 오늘 공부한 내용과 흐름을 생각해야 합니다.

❷ 내가 한 질문에 답이 될 수 있는 내용을 바탕으로 수학 개념과 원리 등을 정리합니다.

STEP 2 포스트잇을 활용해 수학 노트를 완성해요

1. 질문에 대한 답을 적을 때

> Q. 왜 두 분수의 분모를 같게 해야 할까?
>
> 분모가 같으면 분자끼리만 계산할 수 있어.
> (분수)÷(분수)를 (자연수)÷(자연수)로 계산할 수 있지.
> 분수의 핵심은 분모이기 때문에 기준이 되는 분모가 같으면 계산하기 훨씬 편하지.

수업 전, 중, 후에 궁금한 점을 빨간색 볼펜으로 적고 나만의 언어로 답을 적을 때는 검은색 볼펜(연필)을 사용합니다. 교과서 등의 내용을 그대로 옮겨 적지 말고 내가 이해한 내용을 바탕으로 적는 습관을 가져야 합니다.

2. 보충할 내용이 있을 때

> 3학년 때 배운 나눗셈 개념 이용해서 풀기
> 8÷2=4를 구할 때 8에서 2씩 4번 빼면 0이다.
>
>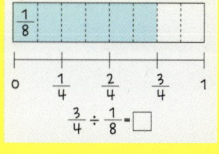
>
> 1을 8등분하면 한 칸이 $\frac{1}{8}$이다(단위분수 만들기).
> $\frac{1}{8}$이 모두 6개가 있다.
> $\frac{3}{4} \div \frac{1}{8} = \square$
>
> $\frac{3}{4} \div \frac{1}{8}$을 구할 때 $\frac{3}{4}$에서 $\frac{1}{8}$을 6번 빼면 0이다.

수학은 한 문제에 다양한 풀이가 있습니다. 예를 들어 이전에 배운 나눗셈 개념을 적용해서 문제를 해결할 수 있습니다. 나눗셈이란 개념은 변하지 않기 때문에 분수의 나눗셈에서도 적용이 가능합니다.

3. 다시 풀어보면 좋은 문제가 있을 때

> $\frac{12}{20} \div \frac{\square}{5}$의 계산 결과는 자연수입니다.
> □안에 들어갈 수 있는 수는 얼마일까요?
>
> 두 분수의 분모가 다르기 때문에 20으로 만들기 위해서 통분해야 하는 건 알겠는데 계산 결과가 자연수가 나와야 한다는 말을 이해 못하겠다.

교과서, 익힘책, 문제집 등을 풀면서 잘 안 풀리는 문제를 노트에 붙여 놓으면 좋습니다. 나중에 개념 노트를 활용해 공부할 때 잘 모르는 부분이 무엇인지 알 수 있기 때문입니다.

1. 교과서의 학습 순서를 기본 틀로 내용을 정리하기
교과서의 흐름은 수학 개념을 이해하기 좋게 구성되어 있습니다. 교과서 활동 순서 번호를 참고해서 내용을 정리하면 좋습니다.

2. 식을 정리하고 질문에 답 적기
◆ 식이 나오는 과정을 이해하고 나만의 언어로 표현하는 것은 매우 중요합니다. 다양한 풀이 방법을 활용해서 중요 내용을 정리해야 합니다.
◆ 노트에 둘레의 길이를 구하는 방법을 2가지 적었지만 다른 방법을 추가할 수 있습니다.
◆ 식의 결과만 적지 않고 식이 나오는 과정을 반드시 적어야 합니다.
◆ '사각형의 둘레'를 구하는 방법을 나만의 언어와 그림을 활용해 정리하면 좋습니다.

직사각형의 둘레	직사각형의 둘레(나만의 언어)	직사각형의 둘레 (나만의 언어와 그림)
(가로+세로) × 2	(가로+세로) × 2 직사각형은 가로와 세로가 각각 2개가 있잖아? 그래서 (가로+세로)가 2개 있으므로 × 2를 할 수 있어!	

3. 들이와 무게에서 중요한 키워드 적기
들이와 무게에서 가장 중요한 키워드는 단위입니다. 들이와 무게에서 중요한 내용을 파란색 볼펜으로 적고, 중요 키워드는 형광펜으로 표시합니다.

4. 계산 원리 이해하는 방법과 핵심 개념 적기

◆ 계산 원리를 이해하는 방법을 나만의 언어로 정리할 때는 글, 그림, 표 등을 활용하면 좋습니다. 한 가지 방법으로 정리하는 것보다는 다양한 방법을 활용하면 개념을 이해하는 데 도움이 됩니다.

◆ 무게의 덧셈과 뺄셈의 계산 원리의 핵심 개념을 찾아서 내용을 파란색 볼펜으로 적고 가장 중요한 키워드는 형광펜으로 표시합니다.

5. 다양한 풀이 방법 적기

◆ 교과서에서 설명하는 풀이 방법 말고 다른 풀이 방법이 있다면 검은색 볼펜(연필)으로 적습니다.
◆ 다양한 풀이 방법을 적는 칸이 부족할 경우 포스트잇 등을 활용할 수 있습니다.
◆ 다양한 풀이의 핵심이 되는 내용은 파란색 볼펜으로, 중요한 부분은 형광펜을 이용합니다.

6. 중요한 부분 형광펜으로 표시하기

◆ 오늘 공부한 내용 중 중요한 부분과 반드시 알고 넘어가야 하는 부분을 정리하고 형광펜으로 표시합니다.
◆ 나중에 다시 노트로 복습할 때 형광펜으로 표시한 부분만큼은 꼭 봐야 합니다.

7. 핵심 Point 정리하기

◆ 교과서를 보지 않고 내가 알고 있는 내용을 바탕으로 정리한 후 빠진 내용을 보충하는 방법을 사용하면 좋습니다.

③ 지도와 연표 등 시각적 정리가 중요한 사회 노트

지리, 역사, 정치, 경제 등 다양한 개념과 낯선 용어가 많이 등장하는 사회는 초등학생 대부분이 어려워하는 과목입니다. 그러나 우리가 사회 과목에서 배우는 다양한 개념은 중학교, 고등학교 때에도 다루기 때문에 초등학교 때부터 이를 확실히 이해하는 것이 중요합니다.

사회 과목에서는 이러한 개념을 이해하고, 나아가 사회생활에서 나타나는 여러 문제에 관심을 갖고 해결하는 능력을 기르는 것을 목표로 하고 있습니다. 따라서 핵심 개념을 무조건 외우기만 하는 것은 효과적인 사회 공부라고 할 수 없습니다. 개념을 스스로 이해하고 복습할 수 있는 방법, 바로 체계적인 사회 노트 필기가 답입니다.

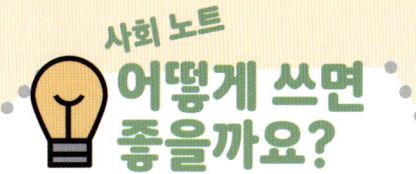

사회는 크게 **지역의 자연·인문 환경과 이에 따른 생활 모습**을 알아보는 영역, **우리나라의 역사와 발달 과정**을 살피는 영역, 이외에 **정치·경제·사회·문화 현상 등 사회생활에 대한 기본적 원리**가 나오는 영역으로 나눌 수 있습니다. 상황에 맞게 어울리는 필기 전략을 바꾸어 노트 필기를 해봅시다. 그 전에 공통적으로 알아두어야 할 사항을 살펴볼까요?

❶ 노트 필기의 기본은 사회 교과서부터

사회를 공부할 때 가장 먼저 챙겨야 할 것은 바로 교과서입니다. 사회 교과서에는 핵심 개념뿐만 아니라 다양한 지도, 사진, 그림, 역사적 자료 등이 실려 있습니다. 수업을 들으며 자칫 넘어갈 수 있는 자료들을 교과서에서 찾아 주의 깊게 살펴보아야 합니다. 노트에 내가 해석한 내용을 필기하여 나만의 것으로 만들어봅시다.

❷ 중요 키워드를 찾아라!

사회에서는 중요 키워드의 이해가 가장 중요합니다. 해당 차시에서 꼭 알아야 하는 중요 키워드를 찾아 노트에 필기하는 것이 중요합니다.

중요 키워드를 찾는 방법
- 교과서에 반복적으로 나오는 단어
- 교과서의 오른쪽에 작게 뜻이 풀이되어 있는 단어
- 선생님께서 수업에서 강조하시는 부분
- 단원 마무리에 정리되어 있는 부분

⊕ 사회 노트 필기! 어떤 부분을 살펴볼까요?
① 지도 등의 시각적 정리가 필요한 **지리 영역**
② 흐름의 정리가 필요한 **역사 영역**
③ 개념 정리가 중요한 **기타 영역**

01 지리 영역

1단계 수업에 들어가기 전, 교과서를 보고 내용과 지도를 함께 살펴봐요

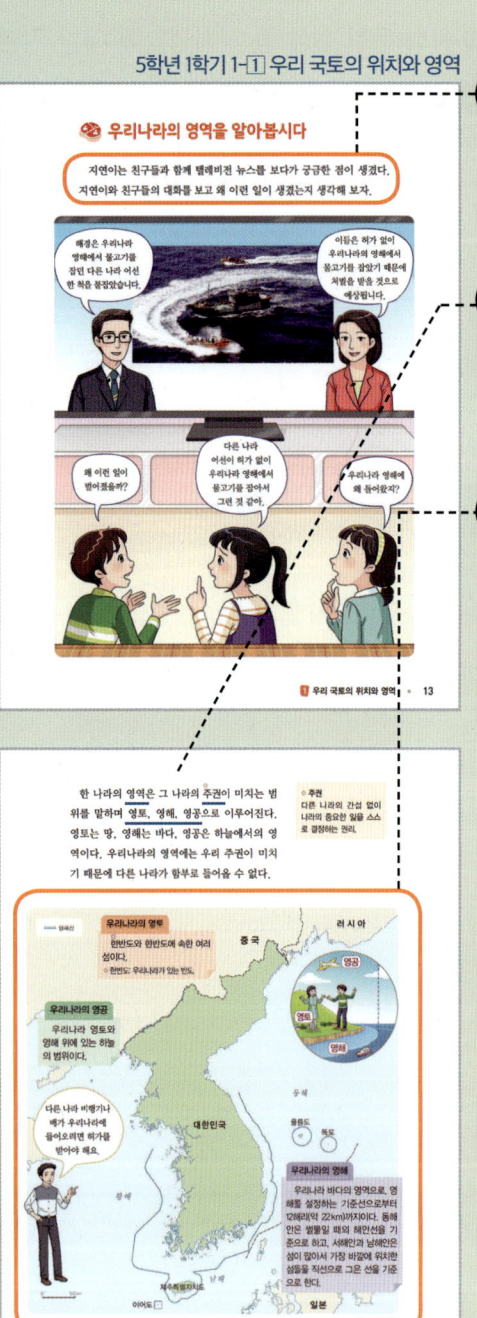

주제별 학습 문제 살펴보기
오늘은 우리나라의 영역에 대해 배우는구나.

모르는 개념이나 단어 밑줄 긋기
파란색 볼펜으로 밑줄을 그어보자. 모르는 단어나 개념이 교과서에 나올 수 있으니 미리 읽어봐.

지도나 그래프 살펴보기
지리 영역에서는 다양한 지도와 그래프들을 해석하는 능력이 매우 중요해. 수업 전 어떤 자료와 내용이 있는지 살펴봐!

사회과 부도 준비하고 살펴보기
교과서에 다 싣지 못한 내용은 사회과 부도에 자세히 나와 있어. 관련 내용을 미리 살펴볼까?

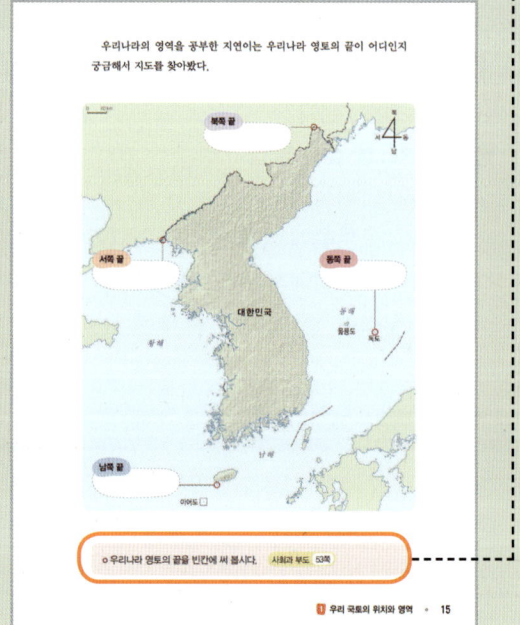

01 지리 영역

2단계 수업 중에는, 중요한 부분을 표시하며 수업을 들어요!

중요한 부분 표시하기
선생님께서 강조하는 부분이나 중요하다고 생각하는 부분을 형광펜으로 표시해봐. 이번 시간의 핵심 개념은 바로 이것이구나!

사회과 부도를 보며 교과서의 빈 내용 채워 넣기
선생님께서 불러 주시는 내용을 그냥 받아 적는 것보다, 스스로 답을 찾아보는 것이 더 기억에 오래 남아!

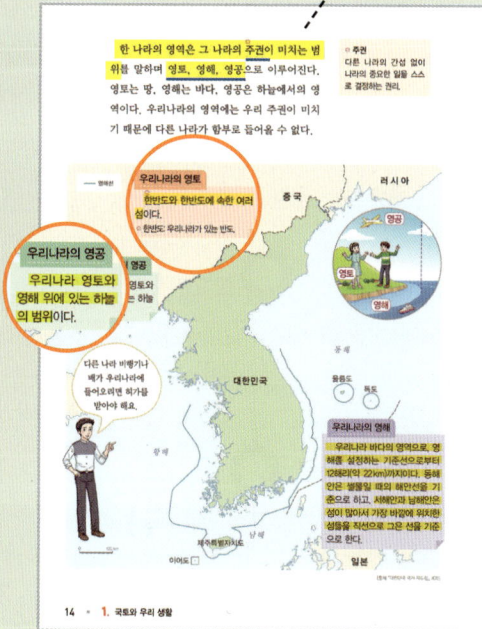

궁금한 부분 인터넷에서 검색하여 찾아보기
'마라도의 실제 모습' 등 온라인 수업 중에 궁금한 점이 생기면 바로 인터넷에 검색해서 관련 내용을 찾아볼 수 있어.

71

01 지리 영역

3단계 수업이 끝난 후,
중요 키워드와 지리적 특징이 잘 드러나게 필기를 해요

STEP 1 핵심 내용은 그림으로 정리해요

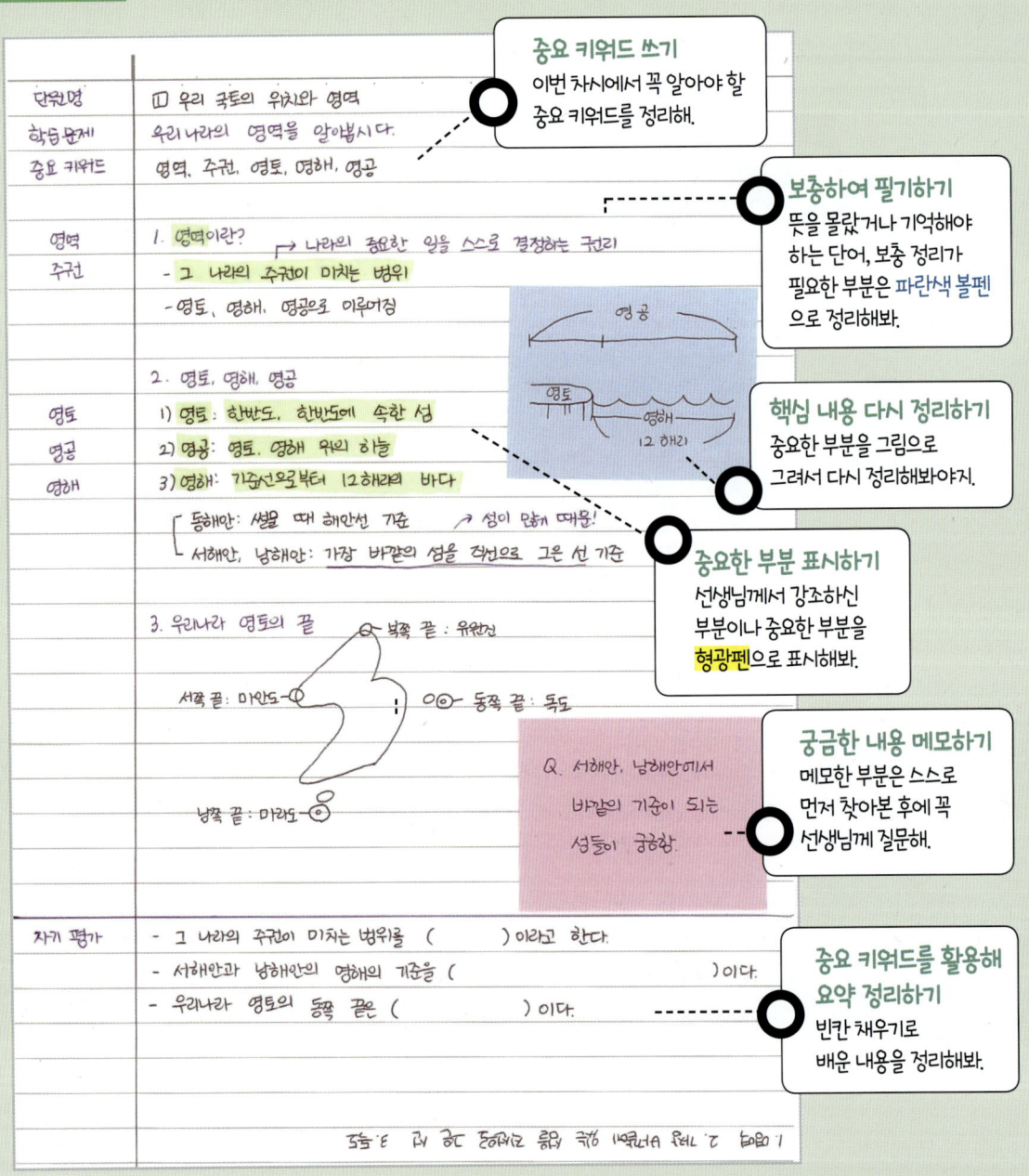

지리 영역 정리를 잘하려면?

1. 중요 키워드 쓰기
사회는 중요 키워드의 정리와 이해가 중요한 과목입니다. 수업 시간에 들었던 내용을 생각하며 중요 키워드를 정리해보세요.

2. 보충하여 필기하기
◆ 내가 몰랐던 단어 중 알아야 할 단어, 알고 있었지만 한 번 더 정리할 필요성이 있는 단어는 뜻을 풀어 필기합니다.
◆ 보충 설명이 필요한 부분을 따로 표시하면 복습할 때 도움이 됩니다.

3. 중요한 부분 표시하기
◆ 선생님께서 특별히 중요하다고 하신 부분이나 꼭 알아야 하는 부분은 형광펜으로 강조합니다.
◆ 너무 많은 부분을 표시하면 필기가 지저분해질 수 있으니 주의해야 합니다.

4. 핵심 내용을 다시 정리할 때
◆ 중요한 내용을 다양한 방법으로 다시 정리해봅시다.
◆ 정리할 공간이 부족하면 포스트잇을 활용할 수 있습니다.
◆ 나만의 언어로 표현하면 핵심 개념을 잘 이해할 수 있습니다.

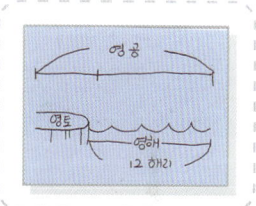

5. 궁금한 내용을 메모할 때
◆ 스스로 공부를 하다 보면 궁금한 점이 생길 수 있습니다. 포스트잇에 메모해 두었다가 선생님께 질문합시다.
◆ 만약 온라인 수업이라면 인터넷 검색, 책 등을 활용하여 스스로 정보를 검색하여 찾아볼 수 있습니다. 원하는 답을 찾지 못했을 경우 등교일에 노트를 챙겨 선생님께 질문해봅시다.

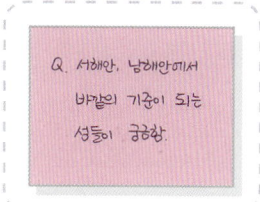

6. 중요 키워드를 활용해 요약 정리하기
중요 키워드는 빈칸을 채우는 방법으로 복습할 수 있습니다.
오른쪽 아래에 작은 글씨로 정답을 적으면 더욱 좋습니다.

❶ 사회의 지리 영역을 정리할 때 가장 어려운 점은 복잡한 지도를 단순화시켜 알아보기 쉽게 정리하는 것입니다.

STEP 2 복잡한 지도는 간략하게 정리해요

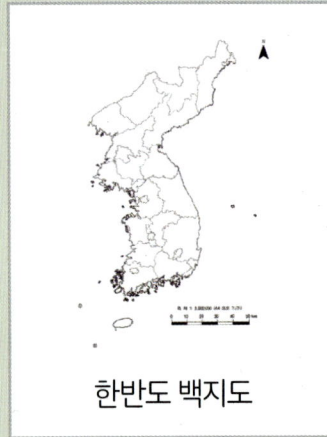
한반도 백지도

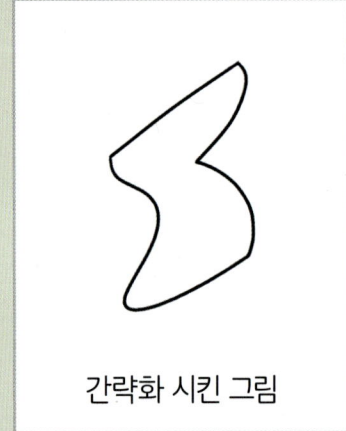
간략화 시킨 그림

지도를 간략화하여 그리면 노트 필기에 걸리는 시간을 단축해 효율적으로 필기에 활용할 수 있습니다. 그리는 방법을 함께 살펴볼까요?

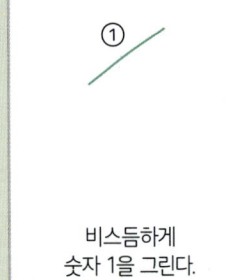
비스듬하게 숫자 1을 그린다.

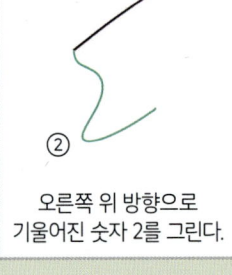
오른쪽 위 방향으로 기울어진 숫자 2를 그린다.

한반도의 모양을 살려 숫자 3을 그린다.

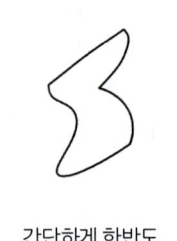
간단하게 한반도 그리기 완성!

더욱 자세한 지도가 필요할 경우 인터넷에서 찾아 인쇄하거나, 문제집 등에서 오려내어 붙여도 좋습니다.

STEP 3 T자형 노트로도 정리할 수 있어요

20XX. X. X.

① 우리 국토의 위치와 영역
우리나라의 영역을 알아봅시다.

1. 영역이란?
 1) 한 나라의 주권이 미치는 범위
 2) 영토, 영해, 영공으로 이루어짐

2. 영토, 영해, 영공
 1) 영토: 한반도, 한반도에 속한 섬
 2) 영공: 영토, 영해 위의 하늘
 3) 영해: 기준선으로부터 12해리의 바다
 ┌ 동해안: 썰물 때 해안선 기준
 └ 서해, 남해안: 가장 바깥 섬을 직선으로 연결한
     선 기준

3. 우리나라 영토의 끝
 ┌ 동쪽 끝: 독도
 ├ 서쪽 끝: 마안도
 ├ 남쪽 끝: 마라도
 └ 북쪽 끝: 유원진

— 영해
— 유원진
— 마안도
— 독도
— 마라도

〈자기 평가〉
 - 그 나라의 주권이 미치는 범위를 (　　　) 라고 한다.
 - 서해안과 남해안의 영해의 기준은 (　　　　　)이다.
 - 우리나라 영토의 동쪽 끝은 (　　　)이다.

1. 영역 2. 가장 바깥에 있는 섬을 직선으로 연결한 선 3. 독도

02 역사 영역

1단계 수업에 들어가기 전,
교과서로 내용과 역사적 자료를 함께 살펴요

학습 문제 살펴보기
이번 시간에 배울 내용을 미리 살펴봐.

모르는 개념이나 단어 밑줄 긋기
파란색 볼펜으로 밑줄을 그어보자. 모르는 단어나 개념이 교과서에 나올 수 있으니 미리 읽어봐.

5학년 2학기 2-① 새로운 사회를 향한 움직임

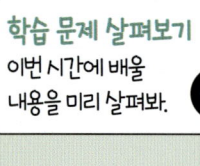
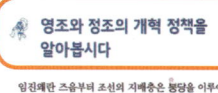

역사적 자료 살펴보기
사진, 문화유산과 같은 다양한 역사적 자료들은 시대의 상황을 이해하는 데 중요한 단서가 되니 꼭 살펴보아야 해.

02 역사 영역

2단계 수업 중에는,
관련 있는 부분이나 흐름을 필기하며 수업을 들어요

중요한 부분 표시하기
선생님께서 강조하시는 부분이나 중요하다고 생각하는 부분에 형광펜으로 밑줄을 그어봐.

기호로 정리하기
관련이 있는 부분은 파란색 볼펜으로 번호를 표시하며 필기해봐!

교과서에 없는 내용 메모하기
교과서에는 없는 내용이지만 선생님께서 말씀하신 것을 메모해보자. 단어나 짧은 문장으로 간략하게 정리해.

77

02 역사 영역

3단계 수업이 끝난 후,
중요 키워드와 역사적 흐름이 잘 나타나게 필기를 해요

STEP 1 중요 키워드를 생각하며 정리해요

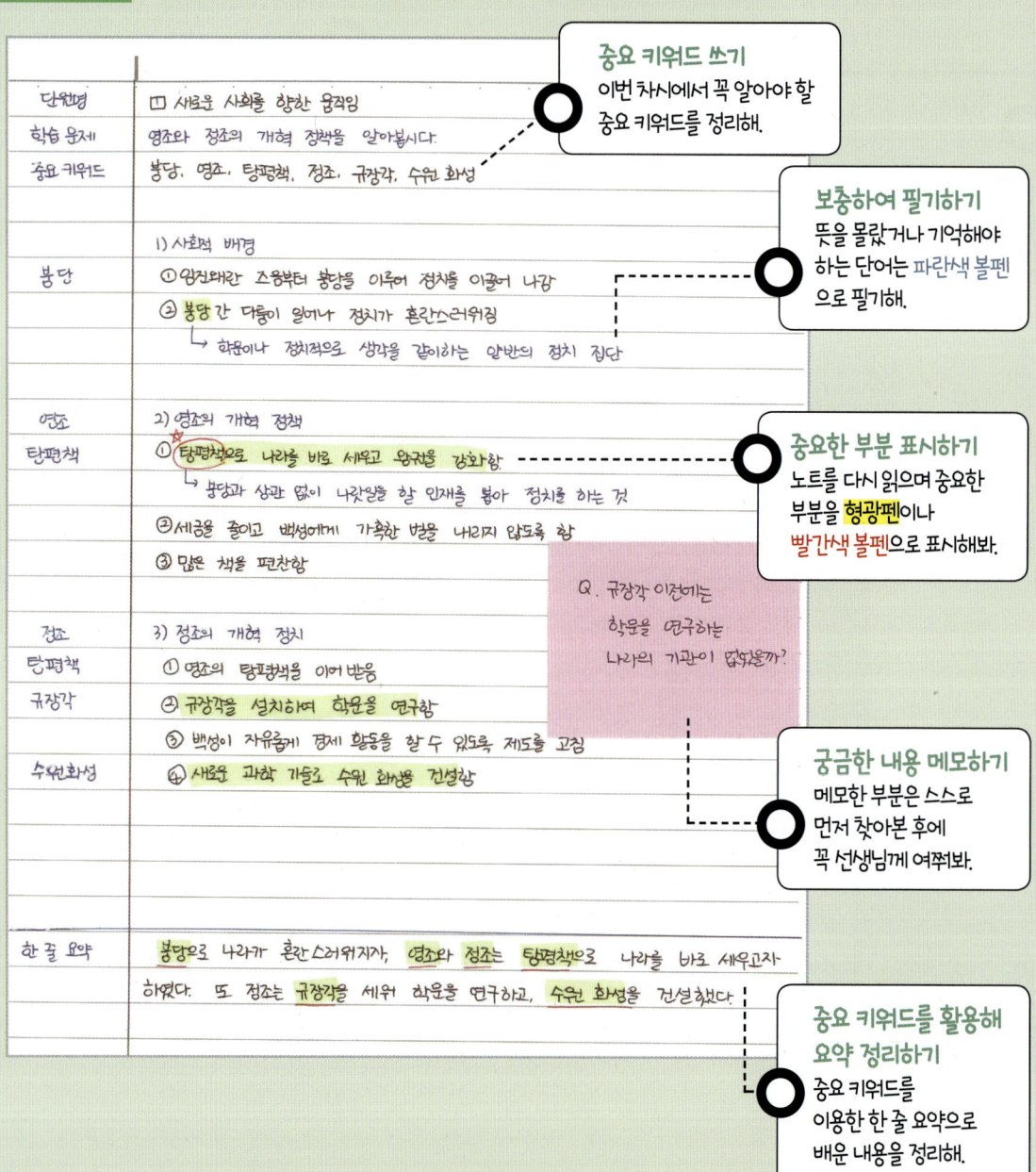

 **역사 영역 정리를 잘하려면?**

1. 중요 키워드 쓰기
역사 영역은 낯선 위인의 이름이나 어려운 역사적 용어, 사건들이 많이 등장하기 때문에 중요 키워드를 정리하고 이해하는 것이 매우 중요합니다.

2. 보충하여 필기하기
◆ 내가 몰랐던 단어 중 알아야 할 단어, 알고 있었지만 한 번 더 정리할 필요성이 있는 단어는 뜻을 풀어 필기합니다.
◆ 서로 관련이 있는 부분은 번호로, 흐름이 나타나는 부분은 화살표로 표시하는 등 간단한 기호를 활용하면 좋습니다.

3. 중요한 부분 표시하기
◆ 선생님께서 특별히 중요하다고 하신 부분이나 꼭 알아야 하는 부분을 **형광펜**으로 표시하여 강조합니다.
◆ 중요한 부분은 빨간색 볼펜으로 다시 강조합니다. ★을 그려 표시하면 한눈에 알아보기 좋습니다.

4. 궁금한 내용을 메모할 때
◆ 스스로 공부를 하다 보면 궁금한 점이 생길 수 있습니다. 포스트잇에 메모해 두었다가 선생님께 질문합시다.

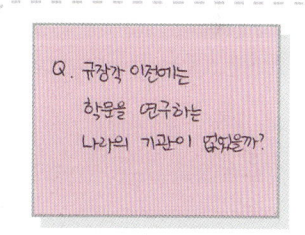

※ 만약 온라인 수업이라면 인터넷 검색, 책 등을 활용하여 스스로 정보를 검색하여 찾아볼 수 있습니다. 원하는 답을 찾지 못했을 경우 등교일에 노트를 챙겨 선생님께 질문해봅시다.

5. 중요 키워드를 활용해 요약 정리하기
◆ 중요 키워드를 활용한 문장 짓기는 나중에 작은 포스트잇 조각으로 중요 키워드만 가린 후 읽어보는 방법 등으로 복습할 수 있습니다.

❶ 연표란 역사적으로 일어난 사실을 일의 순서에 따라 나타낸 표입니다. 사건의 흐름이 중요한 역사 영역을 효과적으로 정리하기 위해서는 연표에 대한 이해가 필요합니다. 연표를 그리는 순서를 알아볼까요?

STEP 2 역사의 흐름을 파악하고 연표를 그리며 노트 필기를 해봐요

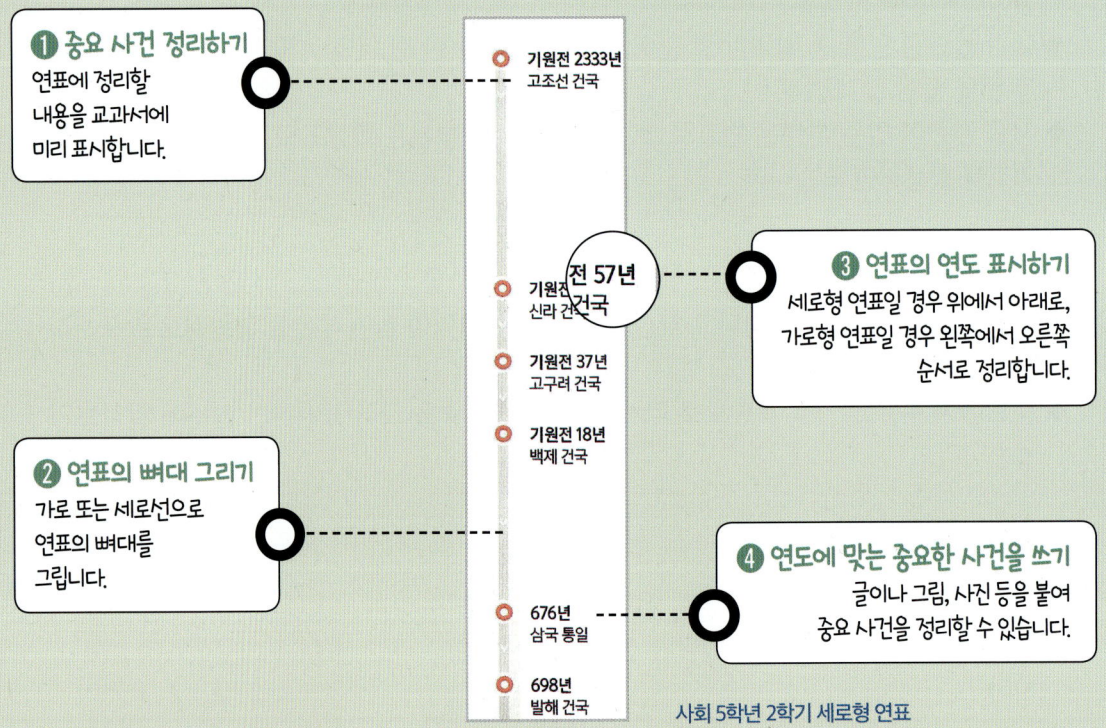

사회 5학년 2학기 세로형 연표

교과서에 나타난 가로형 연표의 모습도 함께 살펴봅시다.

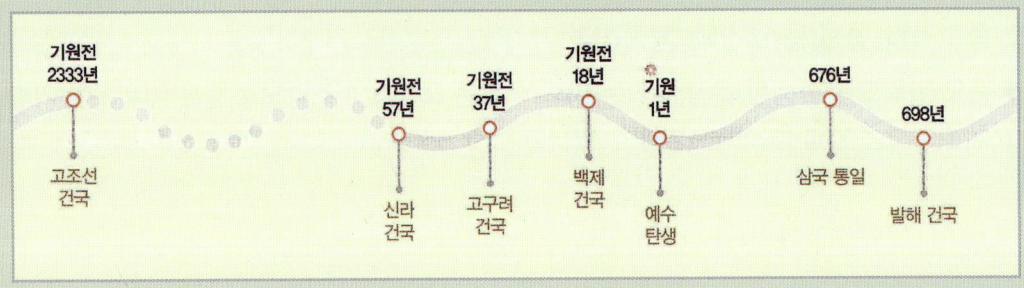

사회 5학년 2학기 가로형 연표

STEP 3 다른 방법으로도 정리할 수 있어요

마인드맵으로 사회 노트 필기를 한다면 이렇게 정리할 수 있습니다.

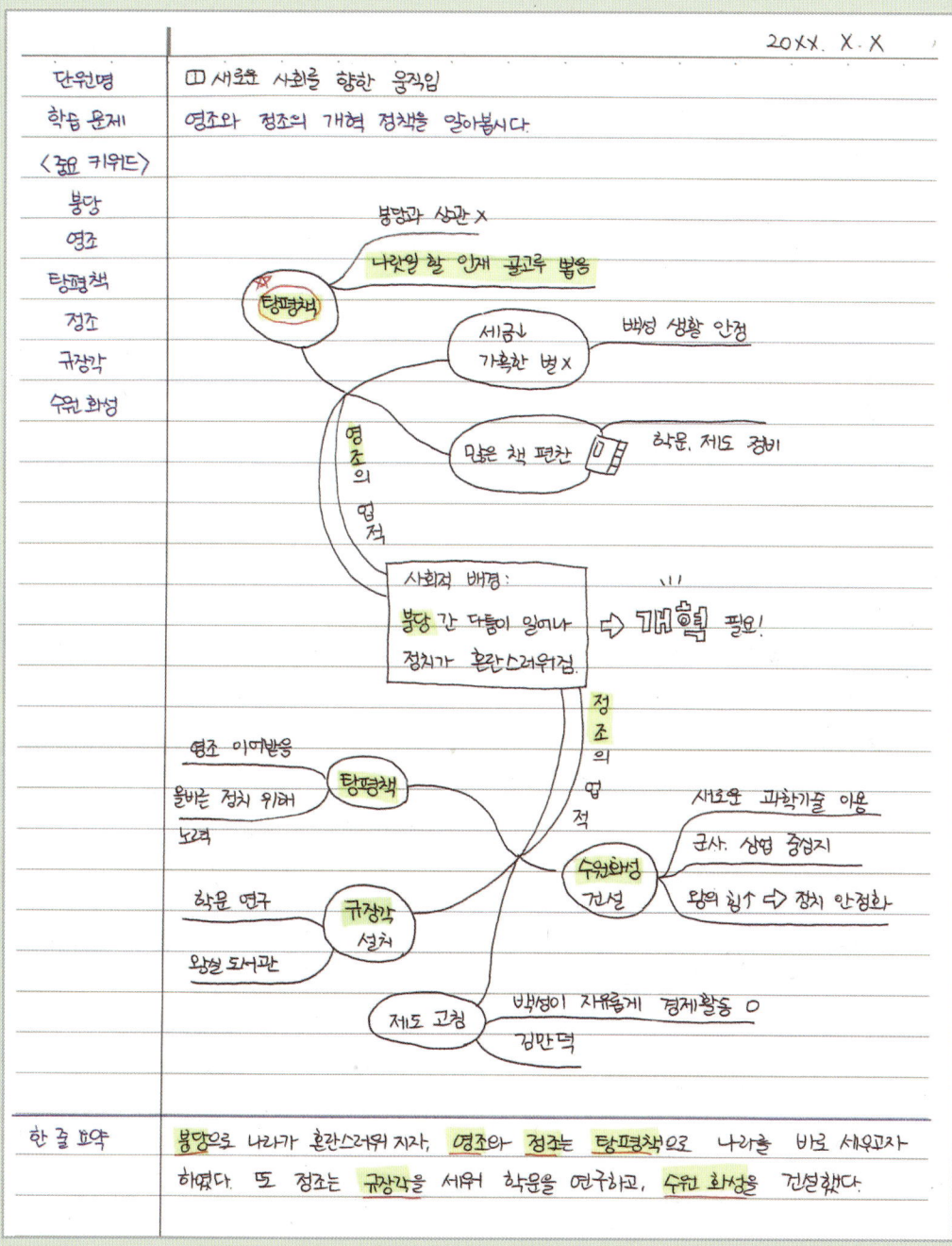

81

03 기타 영역

1단계 수업에 들어가기 전, 어려운 개념은 미리 살펴봐요

6학년 1학기 1-③ 민주 정치의 원리와 국가 기관의 역할

학습 문제 살펴보기
이번 시간에 배울 내용을 미리 살펴봐.

글이나 그림 자료 미리 살펴보기
왜 이런 자료가 실려 있을까?
오늘 배울 내용과 어떤 관련이 있을까?

모르는 개념이나 단어 밑줄 긋기
파란색 볼펜으로 밑줄을 그어봐.

이해하기 어려운 부분 표시하기
이해가 안 되는 부분이 있다면?
기호로 표시해 두었다가 수업 시간에
선생님께서 해당 부분을 설명하실 때
집중해서 들어야 해.

82

03 기타 영역

2단계 수업 중에는, 어려웠던 부분을 보충하며 들어요

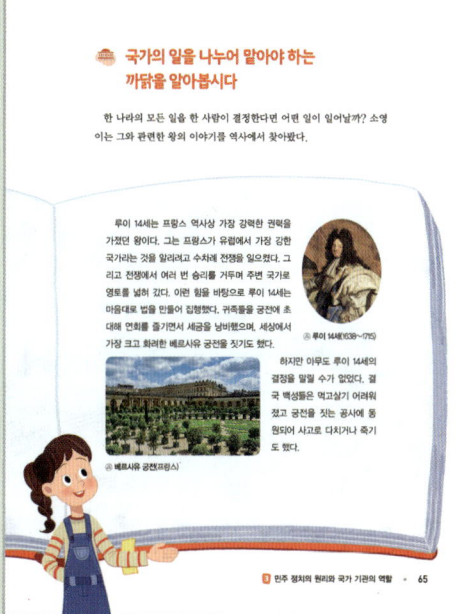

중요한 부분 표시하기
선생님께서 강조하시는 부분이나 중요하다고 생각하는 부분을 형광펜으로 표시해봐.

어려웠던 내용에 필기하기
어려웠던 내용은 집중해서 수업을 듣고 필기해. 잘 이해가 되지 않으면 선생님께 직접 질문해도 좋아.

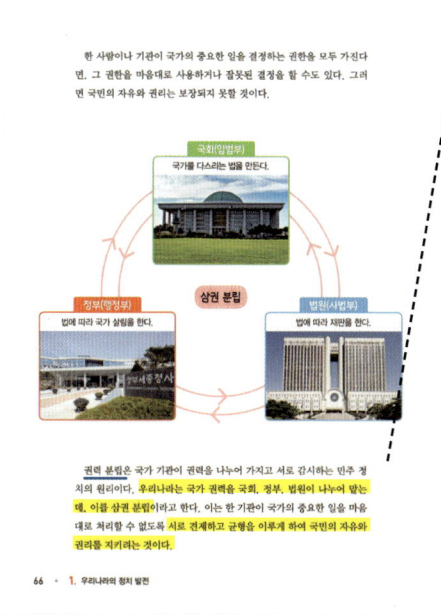

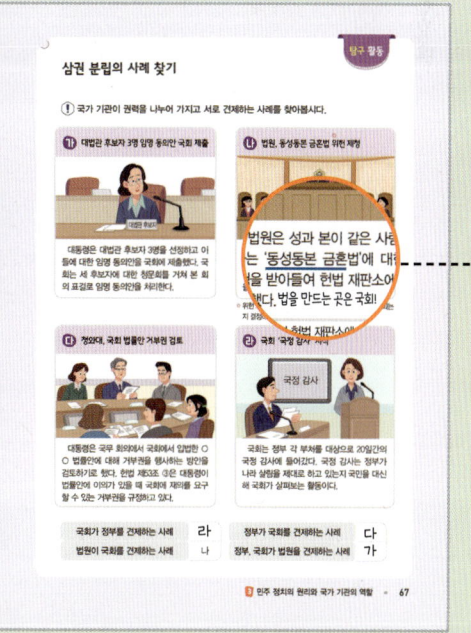

03 기타 영역

3단계 수업이 끝난 후, 중요 키워드를 보기 좋게 구조화하여 필기해요

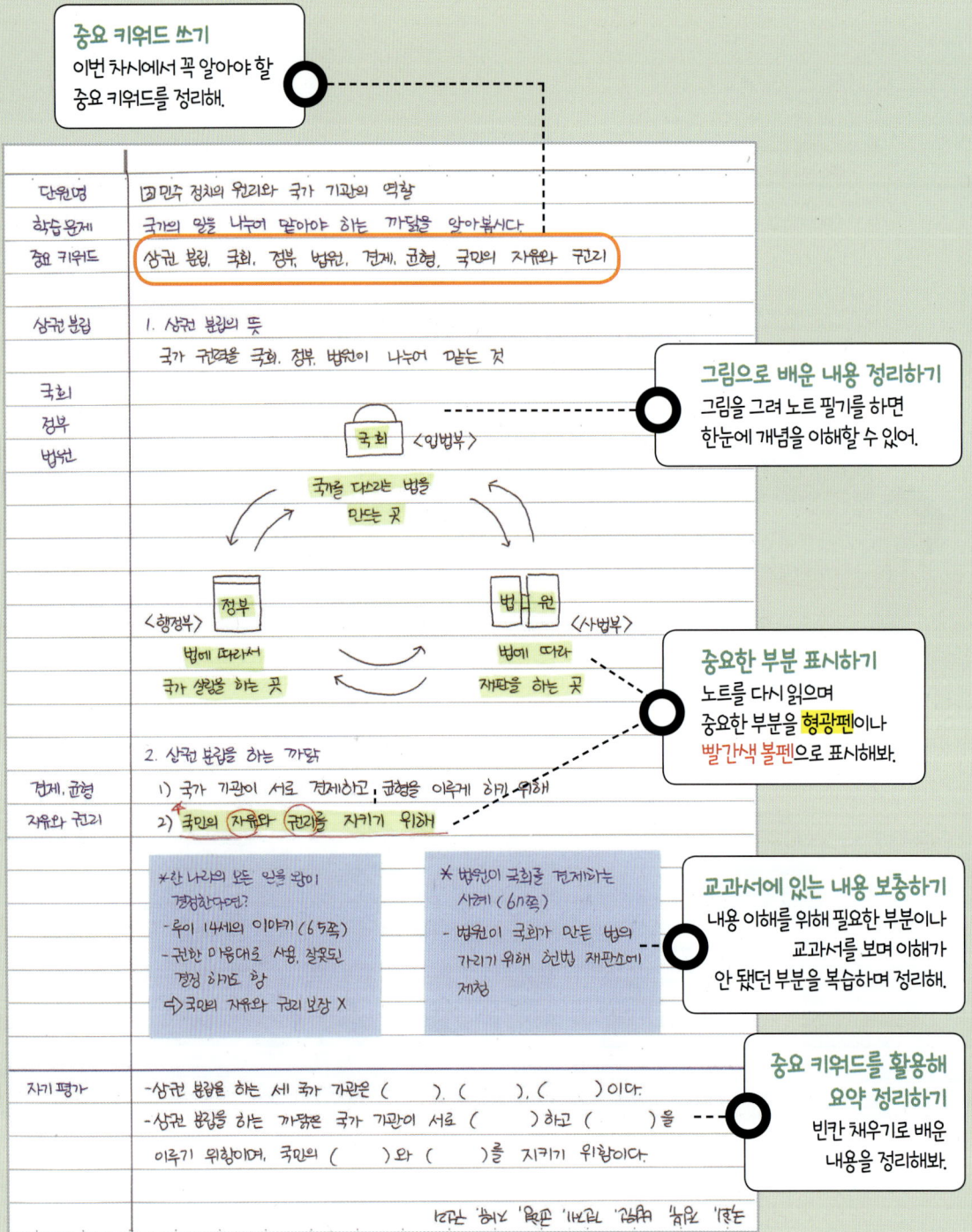

기타 영역 정리를 잘하려면?

1. 중요 키워드 쓰기
필기를 시작하기 전 중요 키워드를 정리하고, 정리한 중요 키워드가 모두 들어가도록 노트를 필기하면 알찬 노트 필기를 할 수 있습니다.

2. 이미지로 배운 내용 정리하기
◆ 흐름을 파악해야 하는 부분, 개념 간 관련성을 설명하는 부분 등은 그림으로 나타내면 더욱 효과적입니다.
◆ 그림을 잘 그리는 것보다 내용을 알아보기 쉽게 정리하는 것이 더 중요합니다.
◆ 그림을 그리기 어려울 때는 그림을 인쇄하거나 문제집 등에서 오려 붙여도 좋습니다.

3. 중요한 부분 표시하기
◆ 선생님께서 특별히 중요하다고 하신 부분이나 꼭 알아야 하는 부분을 **형광펜**으로 표시하여 강조합니다.
◆ 중요한 부분은 빨간색 볼펜으로 다시 강조합니다. ★을 그려 표시하면 한눈에 알아보기 좋습니다.

4. 교과서에 있는 내용을 보충할 때
◆ 핵심 개념이 아니더라도, 흐름을 파악하는 데 필요한 내용을 보충하여 정리하면 내용을 이해하는 데 도움이 됩니다.
◆ 교과서를 보며 어려웠던 부분을 따로 정리하며 복습해 봅시다.
◆ 관련된 교과서의 쪽수를 함께 필기하면 더욱 좋습니다.
◆ 공간이 부족할 경우 포스트잇을 활용할 수 있습니다.

5. 중요 키워드를 활용해 요약 정리하기
중요 키워드는 빈칸을 채우는 방법으로 복습할 수 있습니다. 오른쪽 아래에 작은 글씨로 정답을 적으면 더욱 좋습니다.

4 원리 파악과 관찰 정리가 중요한 과학 노트

우리는 과학 시간에 새로 보는 다양한 과학 개념들을 익히고, 여러 가지 실험을 직접 해보거나 영상으로 살펴보기도 합니다. 어렵고 생소한 내용이 많기 때문에 다시 한번 살펴보지 않으면 과학 개념을 잊어버리기도 하고, 실험결과가 헷갈리기도 합니다. 따라서 과학을 체계적으로 공부하기 위해서는 스스로 배운 내용을 정리하며 수업을 통해 배운 내용을 되새기는 과정이 꼭 필요합니다. 과학 노트 필기를 하면 어려웠던 과학 개념과 실험들을 자연스럽게 익힐 수 있습니다.

과학 노트 어떻게 쓰면 좋을까요?

과학은 크게 실험을 통해 **과학 원리**를 알아보는 영역, **조사와 관찰을 통해 과학적 현상이나 용어를 탐구하고 개념을 정리**하는 영역으로 나눌 수 있습니다. 과학은 실험이나 낯선 개념이 많이 나오기 때문에 그림, 표 등을 활용해 정리하는 것이 좋습니다. 과학 노트 필기의 방법을 자세하게 들여다보기 전에 공통적으로 알아두어야 할 사항을 살펴봅시다.

❶ 노트 필기의 기본은 과학 교과서와 실험관찰부터

과학 교과서와 실험관찰은 어떻게 구성되어 있는지 살펴볼까요? 우선 우리가 배울 내용을 생활 속에서 어떻게 경험할 수 있는지를 보여주고 있습니다. 이어서 학습 문제와 관련한 실험이 제시되고, 개념을 설명합니다. 실험관찰은 과학 교과서에 제시된 실험결과를 자세하게 정리할 수 있도록 구성되어 있습니다. 다른 과목과 달리 공부할 교과서가 두 권이기 때문에 간단하게 정리하고 중요한 내용을 콕 짚어내는 연습이 필요합니다.

❷ 핵심 개념을 찾아라!

과학에서 반드시 기억해야 하는 것은 배우는 내용마다 새롭게 등장하는 과학 개념입니다. 생소하고 어려운 단어들도 많으므로 핵심 개념을 찾아 노트에 정리하며 스스로 탐구하는 것이 중요합니다.

과학 교과서와 실험관찰에서 핵심을 찾는 방법
- 과학 교과서에 굵은 글씨로 적힌 단어
- 실험관찰에 정리한 과학 원리와 실험결과
- 단원 정리 부분

➕ 과학 노트 필기! 어떤 부분을 살펴볼까요?
① 실험과정과 결과의 정리를 통해 과학 원리를 알아보는 **실험 탐구 영역**
② 조사와 관찰을 통해 개념을 탐구하고 이해하는 **개념 정리 영역**

01 실험 탐구 영역

1단계 수업에 들어가기 전,
실험순서를 살펴보고 어떤 결과가 나올지 예상해요

학습 문제 확인하기
큰 제목을 보면
오늘 공부할 내용을 살펴볼 수 있어.

핵심 개념 훑어보기
굵은 글씨를 보니 이 부분이
오늘 공부의 핵심 개념인가 보네!

실험 살펴보기
실험과정을 살펴보고
결과를 예상해보자.

01 실험 탐구 영역

2단계 수업 중에는, 실험과정과 결과를 간단하게 메모하며 수업을 들어요

❶ 실험할 때 어떤 과정들을 거치는지, 어떤 결과가 나오는지 머릿속으로 정리한 후 포스트잇 또는 과학 교과서/실험관찰에 메모합니다.

※ 온라인 수업일 때는 직접 실험할 수 없으니 실험 영상을 보거나 선생님께서 대표로 실험하실 때 주의 깊게 살펴보며 메모합니다.

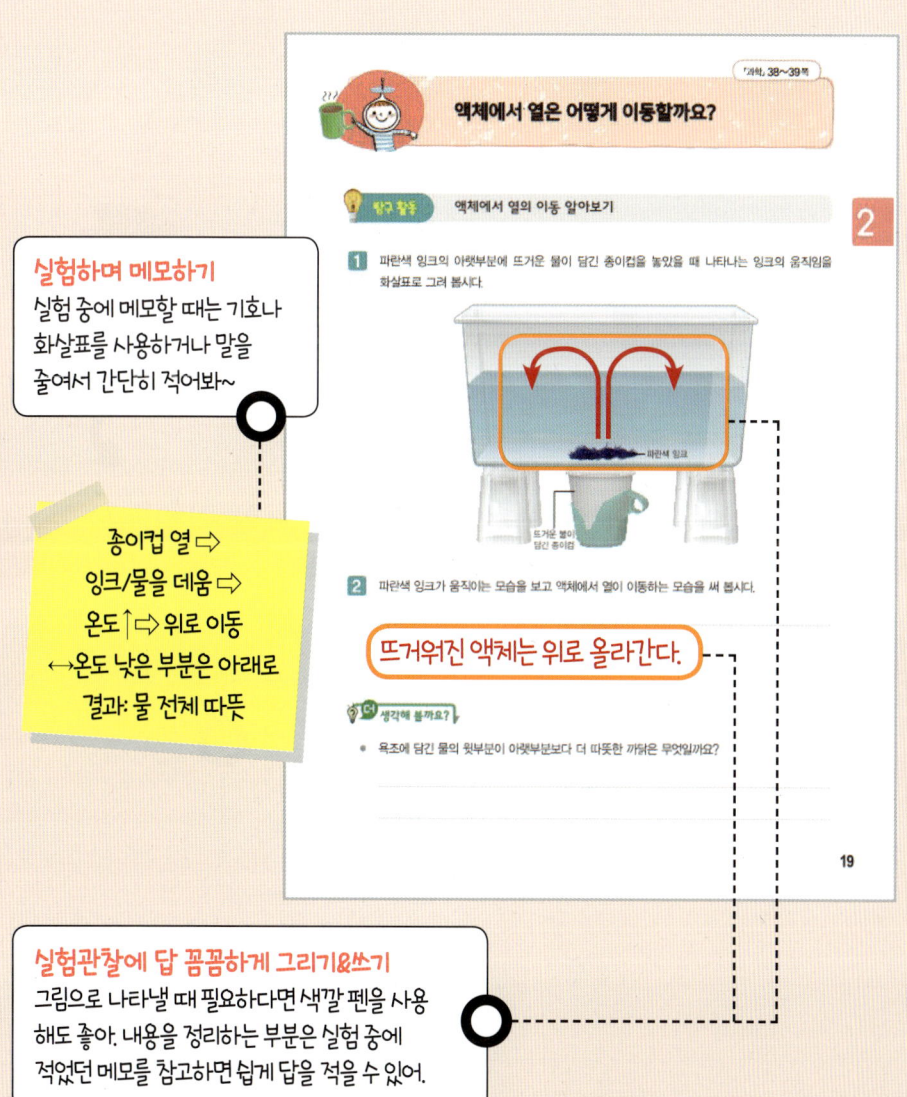

실험하며 메모하기
실험 중에 메모할 때는 기호나 화살표를 사용하거나 말을 줄여서 간단히 적어봐~

종이컵 열 ⇨
잉크/물을 데움 ⇨
온도↑ ⇨ 위로 이동
↔온도 낮은 부분은 아래로
결과: 물 전체 따뜻

뜨거워진 액체는 위로 올라간다.

실험관찰에 답 꼼꼼하게 그리기&쓰기
그림으로 나타낼 때 필요하다면 색깔 펜을 사용해도 좋아. 내용을 정리하는 부분은 실험 중에 적었던 메모를 참고하면 쉽게 답을 적을 수 있어.

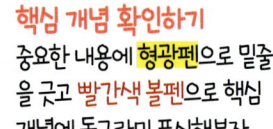

핵심 개념 확인하기
중요한 내용에 **형광펜**으로 밑줄을 긋고 **빨간색 볼펜**으로 핵심 개념에 동그라미 표시해보자.

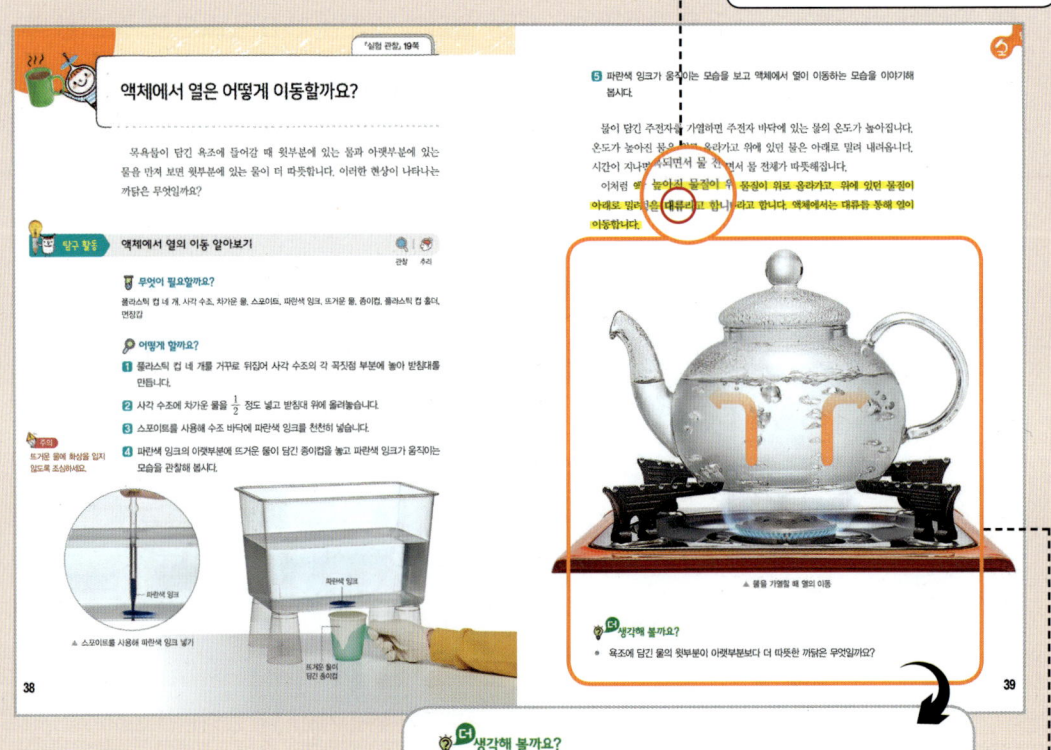

생활 속 예시에서 과학 원리 찾기
실험을 통해 알게 된 내용을 개념으로만 기억하면 금방 잊어버리기 쉬워. 생활 속에서 오늘 배운 원리가 어떻게 적용되는지 생각해 보면 더 잘 기억할 수 있어.

01 실험 탐구 영역

3단계 수업이 끝난 후,
실험과정과 핵심개념이 잘 드러나게 구조화하여 정리해요

STEP 1 과학 원리가 잘 드러나게 실험을 정리해요

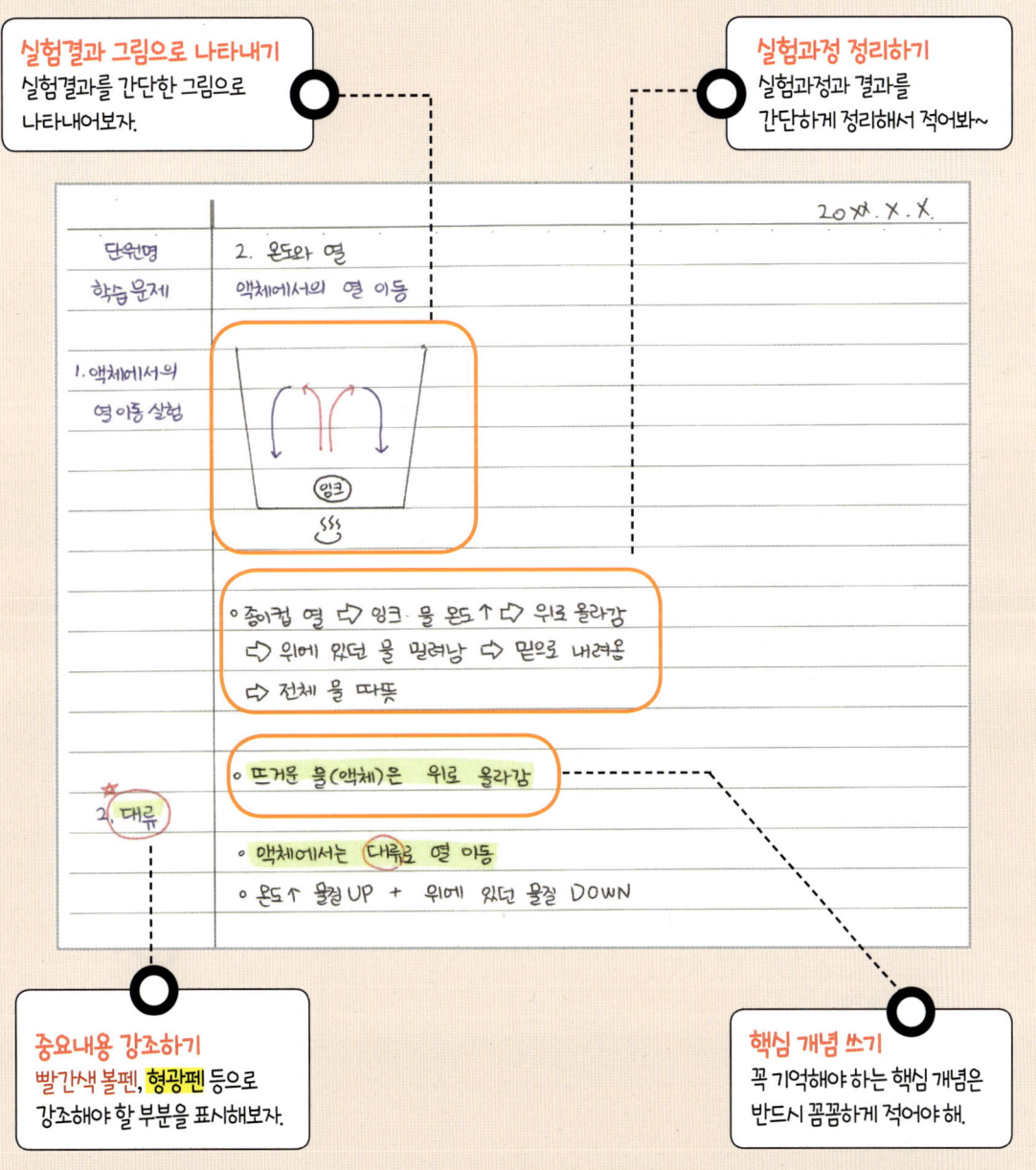

실험결과 그림으로 나타내기
실험결과를 간단한 그림으로 나타내어보자.

실험과정 정리하기
실험과정과 결과를 간단하게 정리해서 적어봐~

중요내용 강조하기
빨간색 볼펜, 형광펜 등으로 강조해야 할 부분을 표시해보자.

핵심 개념 쓰기
꼭 기억해야 하는 핵심 개념은 반드시 꼼꼼하게 적어야 해.

STEP 2   배운 내용에 나의 공부를 더해요

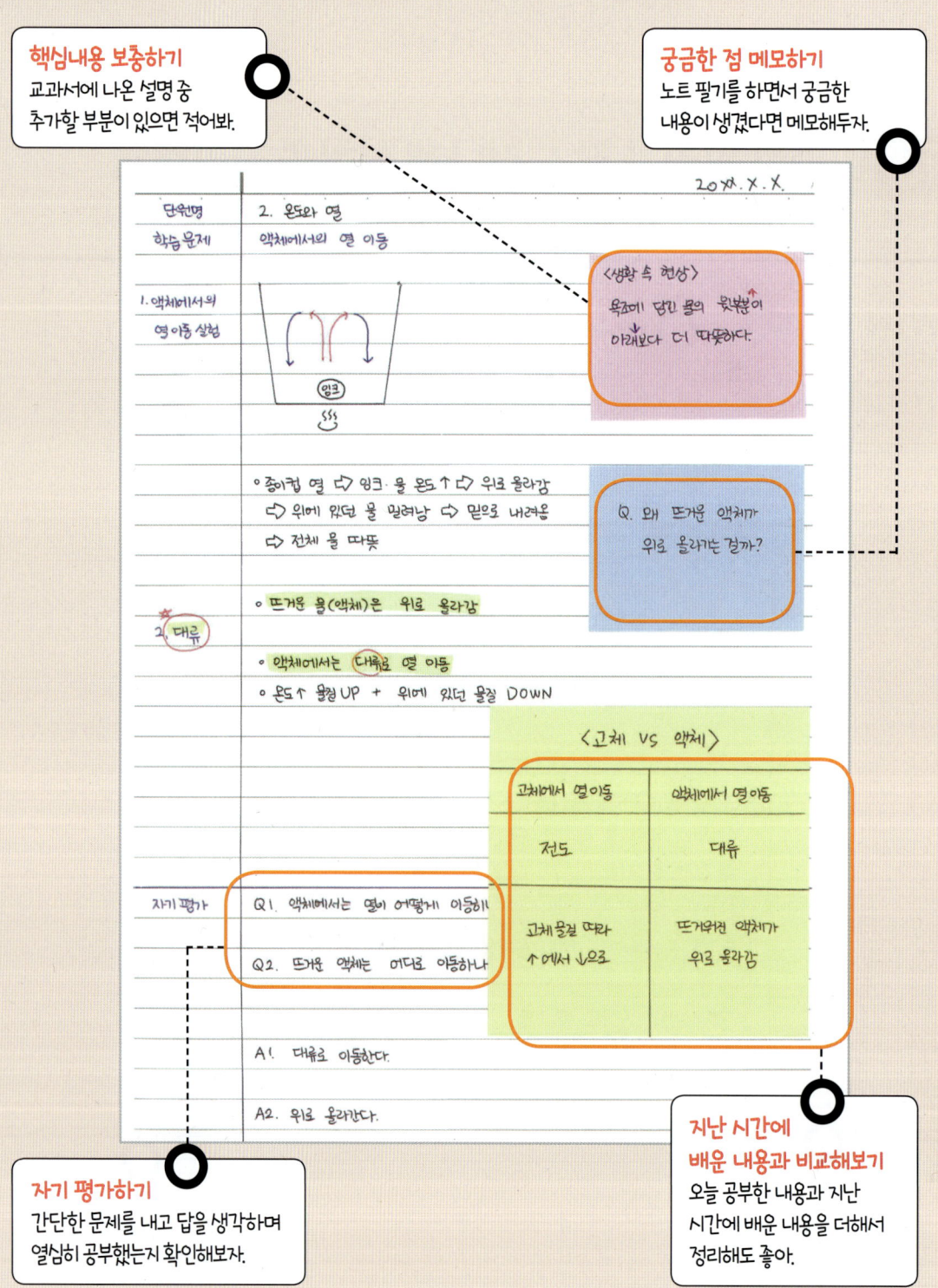

STEP 3 씽킹맵으로도 정리할 수 있어요

씽킹맵으로 과학 노트 필기를 한다면 이렇게 정리할 수 있습니다.

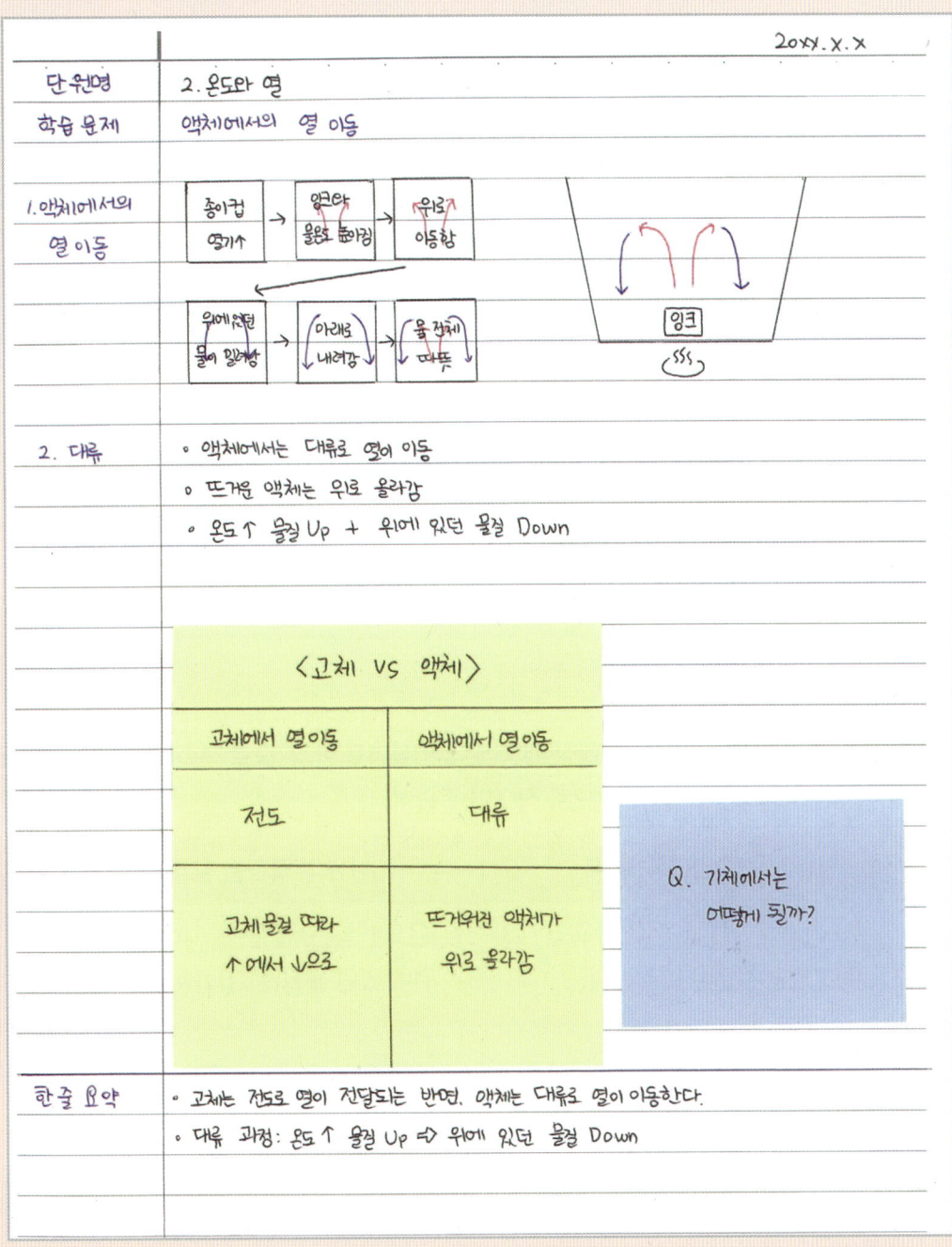

 **과학 노트 정리를 잘하려면?**

1. 실험결과 그림으로 나타내기
◆ 실험결과는 그림, 표 등으로 간단하게 나타내는 것이 좋습니다.
◆ 높은 온도는 빨간색 볼펜으로, 낮은 온도는 파란색 볼펜으로 구분하여 표시하면 한눈에 볼 수 있습니다.

2. 실험과정을 정리하기
◆ 실험과정의 흐름은 굵은 화살표, 색깔 화살표 등을 활용합니다.
◆ 내용은 기호, 줄임말을 사용하여 최대한 간단하게 표현합니다.

기호, 줄임말 사용 X	기호, 줄임말 사용 O
잉크와 물의 온도가 올라간다.	잉크, 물 온도↑

◆ 실험과정을 적을 때는 간단한 단어와 화살표를 활용해서 과정과 결과 모두 잘 나타나게 적습니다.

3. 핵심 개념 쓰기
◆ 과학 교과서와 실험으로 공부한 핵심 개념에 대한 설명을 한 두 줄로 적습니다.
◆ 내가 알게 된 내용을 나만의 표현으로 적으면 좋습니다.

일반적으로 설명을 적을 때	나만의 표현을 활용할 때
온도가 높은 물질은 올라가고 위에 있던 물질은 내려온다.	온도↑(높은) 물질(은) Up(올라가고) 위에 있던 물질(은) Down(내려온다.)

4. 중요내용 강조하기
◆ 실험을 통해 알 수 있는 과학 현상이나 원리를 찾아 형광펜으로 표시합니다.
◆ 핵심 개념에 빨간색 볼펜으로 동그라미 표시를 하면 어떤 부분이 중요한지 한눈에 알아볼 수 있습니다.

5. 핵심내용을 보충할 때

과학 교과서를 살펴보면, 배운 내용이 생활 속에서 어떤 현상으로 관찰되는지 설명되어 있습니다. 보충하면 좋겠다고 생각하는 부분을 포스트잇에 붙여 적어봅시다.

6. 궁금한 점을 메모할 때

노트 필기를 하다 보면 실험과정이나 결과에 대한 궁금증이 생길 수 있습니다. 포스트잇에 메모했다가 선생님께 질문합니다.

※ 온라인 수업을 할 때는 학교 가는 날 선생님께 질문하거나, 책, 인터넷 등을 활용하여 스스로 답을 찾아봅니다. 인터넷에는 잘못된 정보가 있을 수 있으므로 학교 가는 날 선생님께 질문하여 정확한 정보를 찾아 이해했는지 확인해보는 것이 좋습니다.

7. 지난 시간에 배운 내용과 비교할 때

◆ 지난 시간에 배운 내용을 함께 정리하여 공부하면 중요한 내용을 더욱 잘 기억할 수 있습니다.
◆ 대단원 안에서 비교할 수 있는 내용을 표, 그림, 씽킹맵 등으로 정리하여 붙입니다.

8. 자기 평가하기 & 한 줄 요약 하기

◆ 형광펜으로 강조한 부분과 빨간색 볼펜으로 표시한 부분, 과학 교과서의 내용을 훑어보고 핵심내용으로 문제를 만들어 적습니다.
◆ 답을 적은 부분을 가려놓은 후 문제를 보고 답을 말해보며 다음 수업시간 전에 공부한 내용을 복습하면 좋습니다.
◆ 가장 중요한 1~3가지의 내용을 간단히 정리합니다.
◆ 수행평가 보기 전, 짧은 시간 안에 복습해야 할 때 자기 평가나 한 줄 요약을 보면 효율적으로 공부할 수 있습니다.

02 개념 정리 영역

1단계 수업에 들어가기 전,
지난 시간에 배운 핵심 개념을 떠올려요

❶ 개념 정리 영역은 지난 시간에 공부한 내용과 연결되는 부분이 많아서 지난 시간에 공부한 내용을 떠올려보는 것이 좋습니다.

학습 문제 확인하기
큰 제목을 보면 공부할 내용을 확인할 수 있어.

핵심 개념 훑어보기
굵은 글씨와 설명을 읽어보자.

4학년 2학기 4. 화산과 지진

탐구 활동 살펴보기
무엇을 알아보게 될지 탐구 활동의 내용을 훑어봐.

사진이나 그림 살펴보기
사진이나 그림을 보며 오늘 탐구할 내용을 예상해봐.

02 개념 정리 영역

2단계 수업 중에는,
조사·관찰한 내용을 실험관찰에 꼼꼼하게 정리해요

※ 온라인 수업일 때는 직접 관찰하거나 조사하기 어렵습니다.
선생님께서 보여주시는 영상이나 자료를 보고 탐구합니다.

탐구한 내용 정리하기
관찰·조사한 내용을 스스로 생각하여 답을 자세하게 적은 후, 선생님의 설명을 들으며 정확하게 적었는지 확인하면 좋아.

핵심 개념 확인하기
핵심 개념 간의 관계를 생각해서 빈 공간에 적어봐. 중요한 내용에 **형광펜**으로 밑줄을 긋고 **빨간색 볼펜**으로 핵심 개념을 표시한 후, 관련 설명과 연결선(화살표)을 그어보는 것도 좋아.

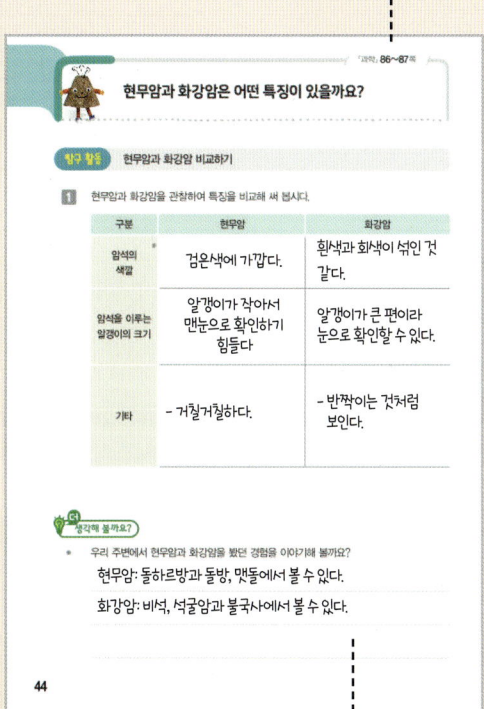

탐구내용과 관련한 경험 떠올리기
생활 속에서 경험한 내용이나 발견할 수 있는 예시 등을 생각하여 정리해보자.

탐구한 내용 간단히 쓰기
실험관찰에 정리한 내용을 간략하게 메모해봐.

97

02 개념 정리 영역

3단계 수업이 끝난 후,
탐구한 내용을 표와 그림으로 보기 좋게 정리해요

STEP 1 공부한 내용을 바탕으로 개념을 정리해요

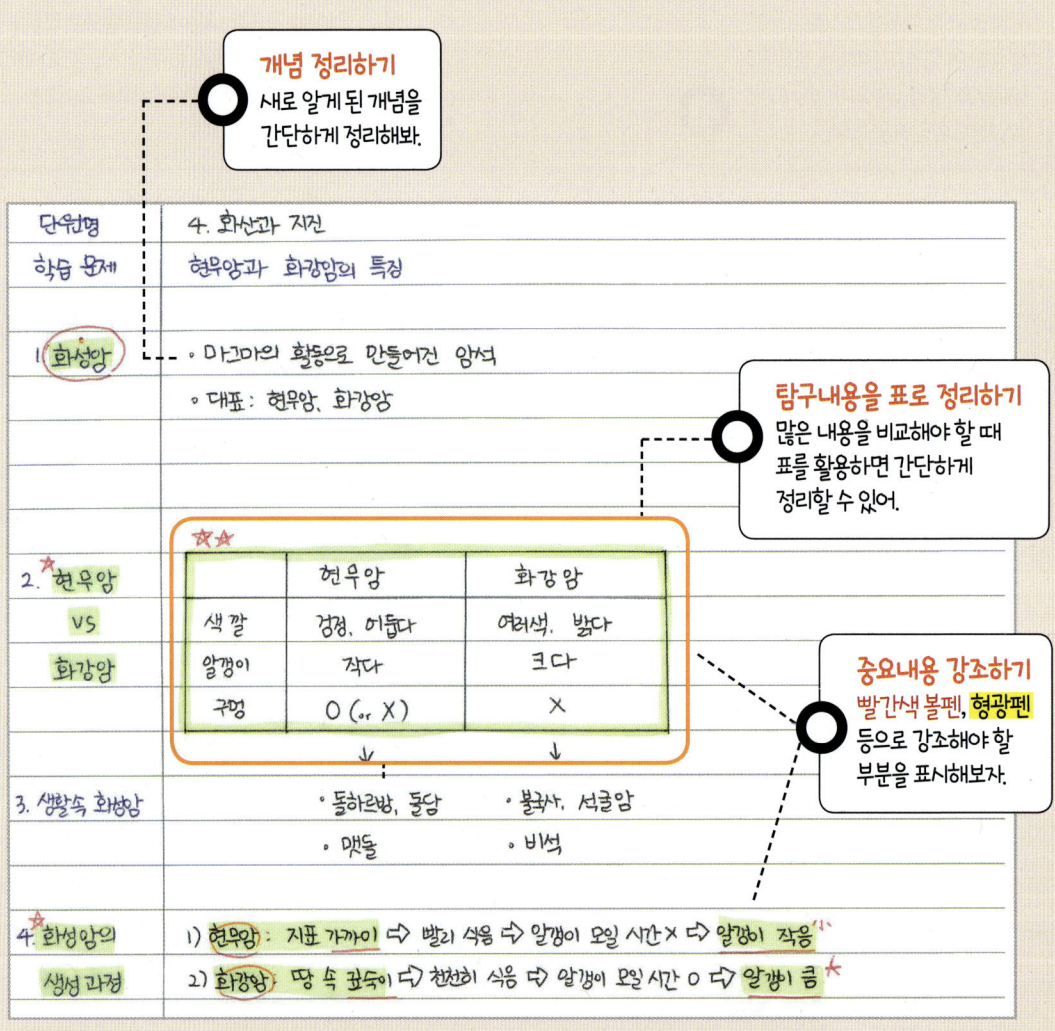

STEP 2 배운 내용에 나의 공부를 더해요

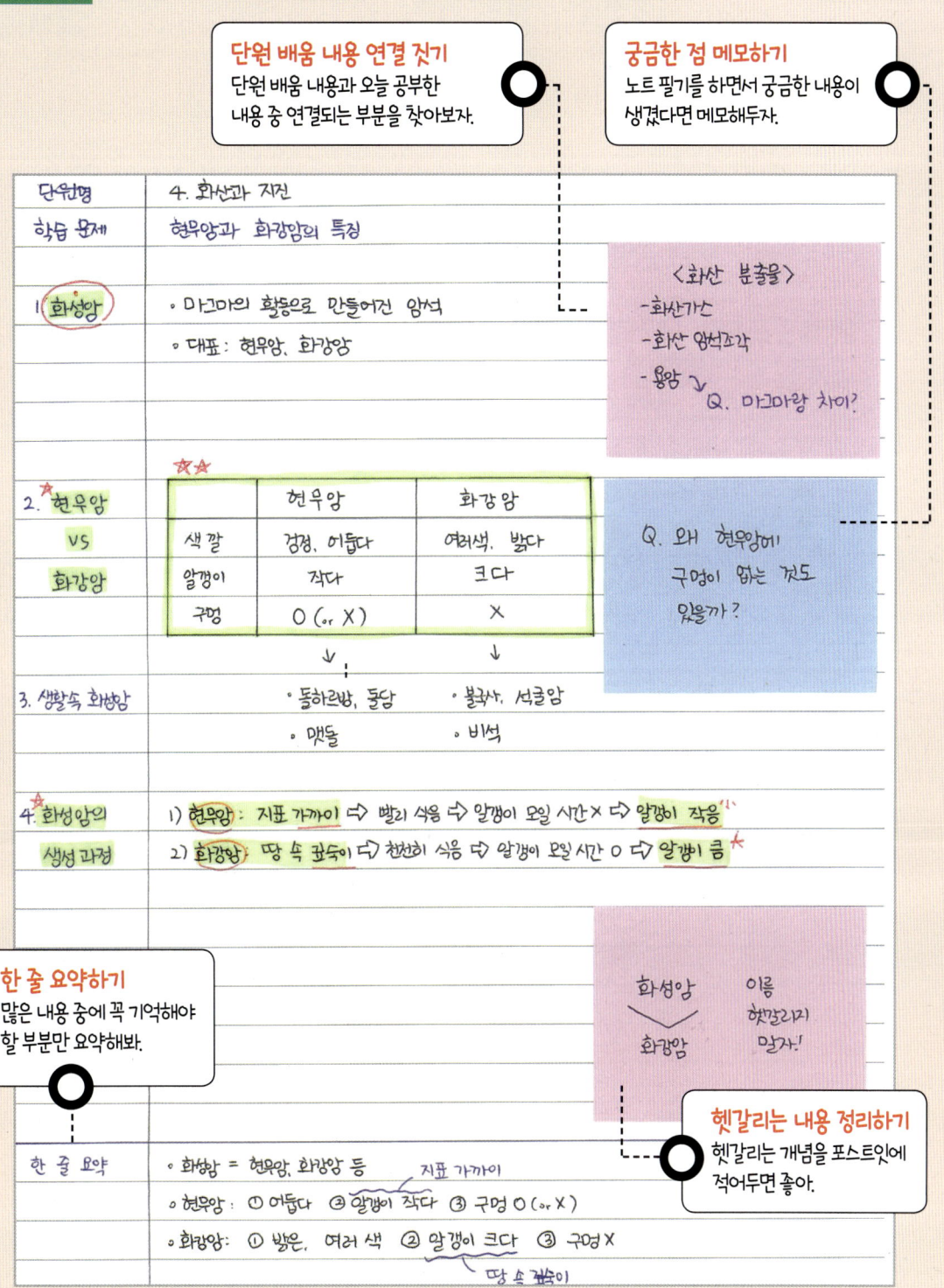

STEP 3 　비주얼씽킹으로도 정리할 수 있어요

비주얼씽킹으로 과학 노트 필기를 한다면 이렇게 정리할 수 있습니다.

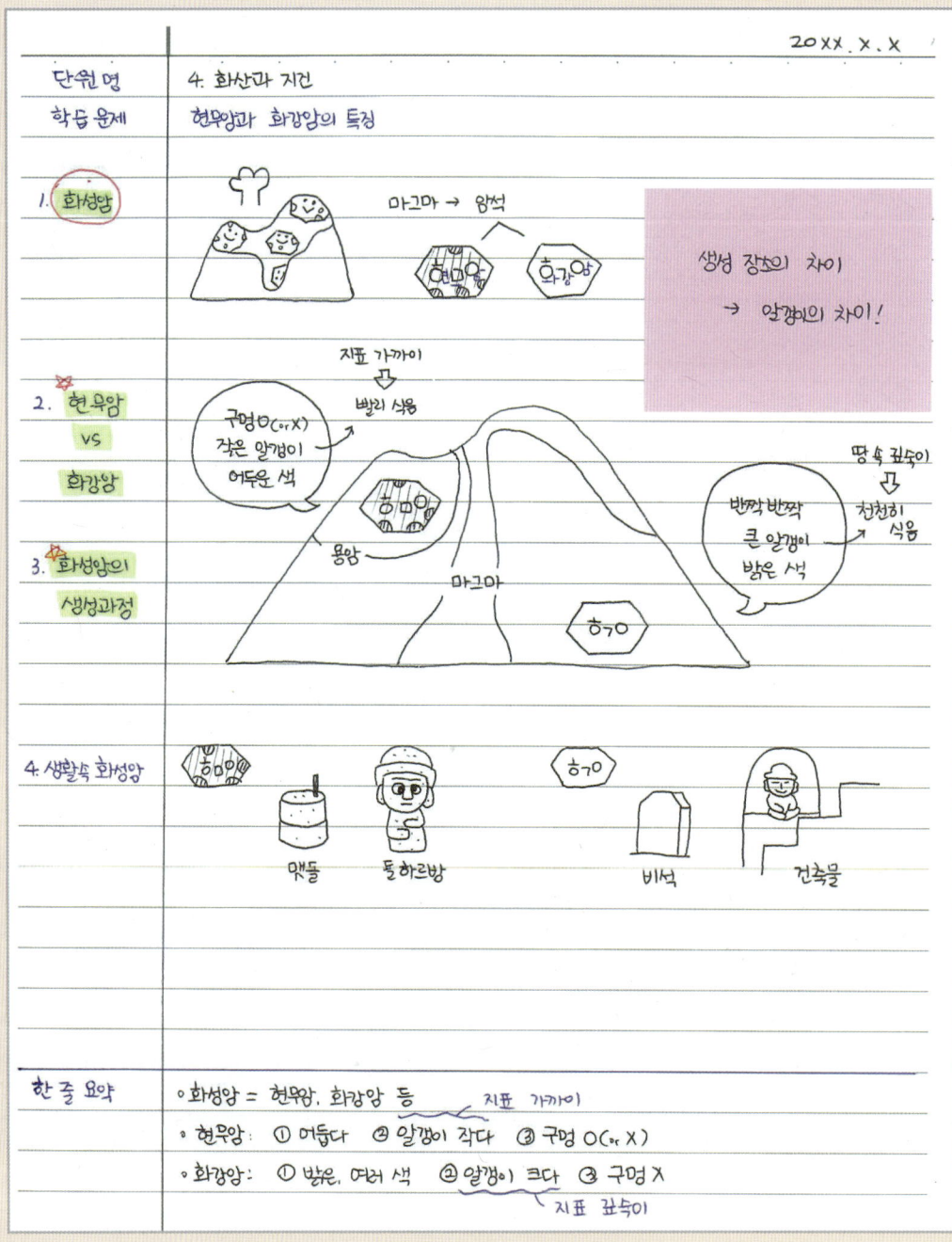

개념 정리 영역 필기를 잘하려면?

1. 개념 정리하기

개념 정리 영역은 한 번에 다양한 용어와 설명이 나오는 경우가 많습니다. 따라서 정말 중요하고 핵심적인 표현만 뽑아 정리해야 합니다. 대표 개념과 관련된 개념은 함께 엮어 정리해도 좋습니다.

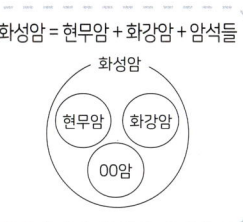

2. 탐구내용을 표로 정리하기

◆ 많은 내용을 비교하거나 설명해야 할 때는 표를 활용하는 것이 한눈에 쏙 들어옵니다.
◆ 내용은 기호나 줄임말 등을 활용하여 최대한 간단하게 표현합니다.

✗ 이렇게 정리하지 말아요		
	현무암	화강암
특징	색깔이 어둡고 구멍이 있거나 없다. 알갱이의 크기가 작다	색깔이 밝고 여러 색이다. 알갱이의 크기가 크다

✓ 이렇게 정리해요		
	현무암	화강암
색깔	검정, 어둡다	밝다, 여러 색
알갱이	작다	크다
구멍	O(없기도 함)	X

3. 중요내용 강조하기

◆ 표나 큰 그림을 강조해야 하는 경우는 테두리를 **형광펜**으로 그어줍니다.
◆ 헷갈리는 단어 등에는 윗점을 빨간색 볼펜으로 윗점을 표시해서 강조합니다.

4. 지난 시간에 배운 내용과 연결 지울 때

◆ 개념 정리 영역은 단원 안에서 개념이 중복되거나 연결되는 내용이 많습니다. 지난 시간에 배운 내용과 오늘 공부한 내용과 연관성이 있는 부분을 찾아 적어봅시다.
◆ 궁금한 점이 있다면 파란색 볼펜으로 한 포스트잇 안에 같이 적습니다.

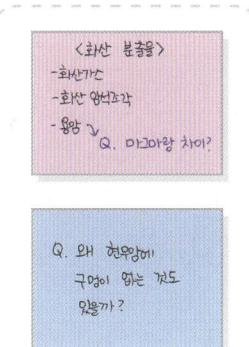

5. 궁금한 점을 메모할 때

개념 정리를 하다 보면 문득 궁금한 점이 생길 수 있습니다. 포스트잇에 메모했다가 선생님께 질문합니다.

※ 온라인 수업을 할 때는 미리 적어두었다가 등교하는 날 선생님께 질문하거나, 온라인 배움터에서 친구들과 질문을 공유하며 답을 찾아봐도 좋습니다.

5
단어 암기와 핵심 파악이 중요한 영어 노트

Q 초등학생 자녀의 영어 노트를 보신 적이 있나요? 똑같은 단어나 문장을 외우기 위해 여러 번 반복해서 적은 것만 있지는 않은가요? 같은 내용을 여러 번 쓰는 것은 영어 단어와 표현을 외우기 위한 쉬운 방법입니다. 하지만 암기를 위해 반복적으로 쓰기만 한 노트는 연습일 뿐 영어 공부에 크게 도움이 되지 않습니다. 초등 영어 교과서에는 매 단원마다 익혀야 할 주요 단어나 핵심 표현들이 등장합니다. 이런 것들을 노트에 정리해야 배운 내용이 장기 기억으로 전환되어 영어 공부에 도움이 됩니다.

영어 노트 어떻게 쓰면 좋을까요?

영어는 의사소통을 위한 언어이기 때문에 듣고 말하고 읽고 쓰는 것을 따로 나누어보기 어렵습니다. 하지만 노트 필기를 위해 영어를 나누어본다면 크게 **단원의 시작과 함께하는 Words 영역, 듣고 따라 말하는 것이 중요한 Listening & Speaking 영역, 이야기의 내용을 이해하는 Reading & Writing 영역**으로 나누어볼 수 있습니다. 각 영역에 맞게 전략을 바꾸어 노트 필기를 하면 영어 공부를 효과적으로 할 수 있습니다. 영어 노트 필기를 하기 위해 공통적으로 알아두어야 할 사항을 살펴볼까요?

❶ 노트 필기의 기본은 영어 교과서의 단원명에서 시작!

영어 교과서의 단원명은 그 단원의 핵심 표현이기도 합니다. 단어를 배울 때도, 듣고 말하고 쓰고 읽을 때도 핵심 표현이 계속 등장합니다. 핵심 표현을 찾았다면 거기에서 그치는 것이 아니라 핵심 표현이 어떤 상황에서 쓰이는 표현인지도 이해해야 단원 전체를 이해할 수 있습니다.

❷ 교과서의 지문을 통째로 옮겨적지 않기!

영어 교과서의 긴 대화문이나 긴 지문을 그대로 옮겨 적은 후 노트 필기를 하면 옮겨 적는 중에 지치게 되어 노트 필기를 포기하게 됩니다. 필요한 부분만 옮겨 정리하는 것이 노트 필기의 핵심입니다.

⊕ **영어 노트 필기! 어떤 영역을 살펴볼까요?**

① 단원 시작과 함께하는 **Words 영역**
② 듣고 따라 말하는 **Listening & Speaking 영역**
③ 이야기의 내용을 이해하는 **Reading & Writing 영역**

01 Words 영역

1단계 수업에 들어가기 전,
교과서를 살피며 어떤 단어들이 등장할지 예상해요

단원명 확인하기
처음 단원 공부를 시작할 때 단원명을 확인하면 어떤 단어를 배울지 예상할 수 있어.

영어 사전 찾아보기
처음 보는 단어가 있다면 뜻을 찾아볼까? 인터넷 영어 사전을 이용하면 발음도 들어볼 수 있어.

01 Words 영역

2단계 수업 중에는, 단어의 철자와 뜻을 확인하고 발음을 들어요

❶ 수업을 들으며 단어를 받아 적어야 하는 상황이라면 노트에 줄을 맞춰 쓰기보다는 교과서나 노트 한켠에 간단히 메모합니다.

※ 온라인 수업의 경우 단어를 받아쓸 때 화면을 잠시 정지해둡니다.

빈칸 채우기
빈칸이 있다면 수업을 들으며 알맞은 알파벳을 써넣자.

New Words (선생님께서 나누어 주시는 학습지 예시)

① bottl e 병
② can 캔
③ paper 종이
④ ice 얼음
⑤ touch 만지다
⑥ eat 먹다
⑦ e n ter 들어가다
⑧ ge t 받다
⑨ ma k e 만들다
⑩ push 밀다
⑪ put 넣다
⑫ s t op 멈추다

알파벳 위치 확인하기
선 위의 알파벳 위치도 눈여겨봐.

단어 뜻 쓰기
단어 철자 뿐만 아니라 뜻도 기억해야 해.

01 Words 영역

3단계 수업이 끝난 후, **단어와 예시 문장을 필기해요**

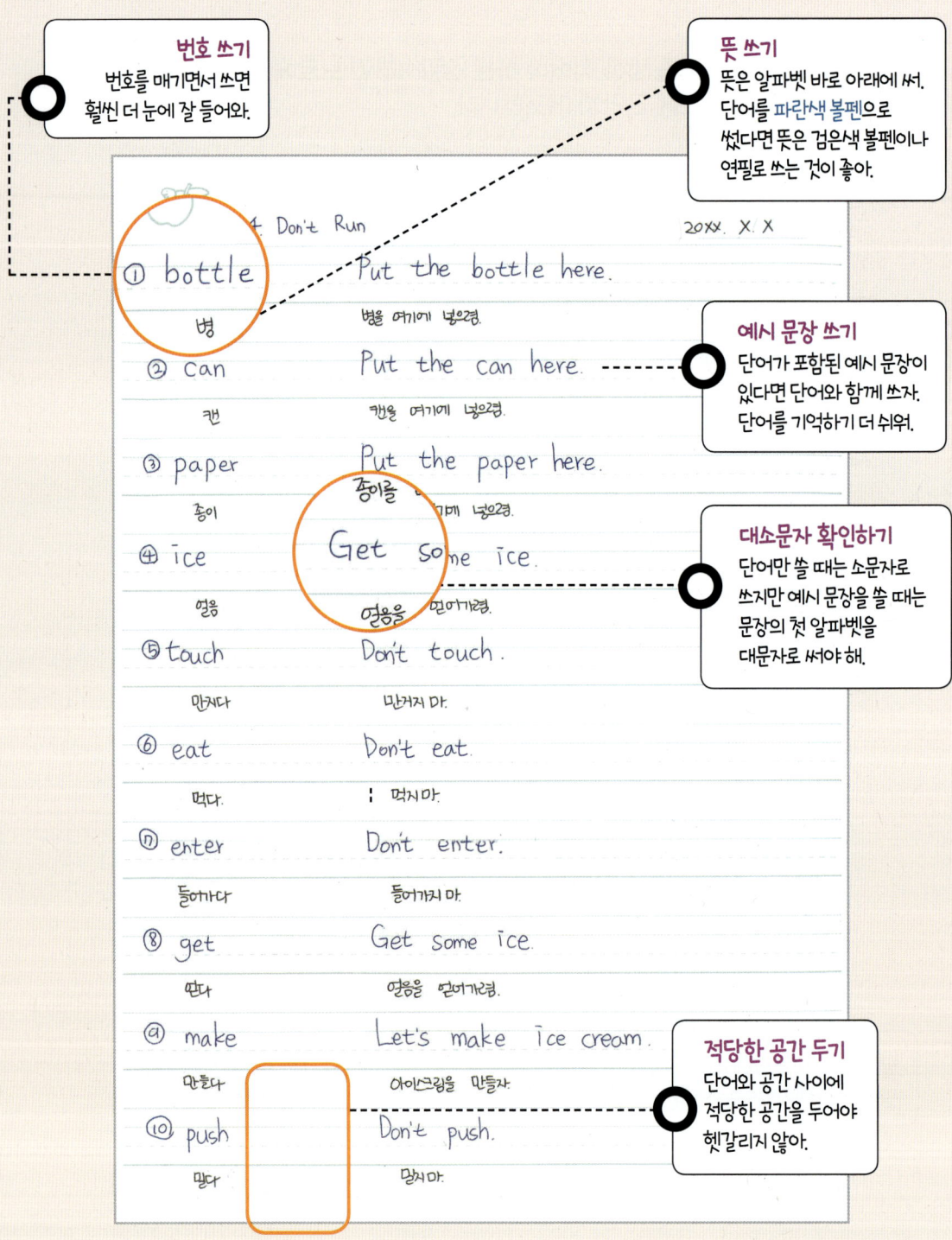

번호 쓰기
번호를 매기면서 쓰면 훨씬 더 눈에 잘 들어와.

뜻 쓰기
뜻은 알파벳 바로 아래에 써. 단어를 파란색 볼펜으로 썼다면 뜻은 검은색 볼펜이나 연필로 쓰는 것이 좋아.

예시 문장 쓰기
단어가 포함된 예시 문장이 있다면 단어와 함께 쓰자. 단어를 기억하기 더 쉬워.

대소문자 확인하기
단어만 쓸 때는 소문자로 쓰지만 예시 문장을 쓸 때는 문장의 첫 알파벳을 대문자로 써야 해.

적당한 공간 두기
단어와 공간 사이에 적당한 공간을 두어야 헷갈리지 않아.

영어 단어 정리를 잘하려면?

1. 번호 쓰기
순서가 중요하지는 않지만 단어를 정리할 때 번호를 쓰면 눈에 더 쉽게 들어옵니다.

2. 예시 문장 쓰기
수업 시간에 단어가 포함된 예시 문장을 함께 배웠다면 단어와 함께 예시 문장도 정리합니다. 단어만 정리할 때보다 단어를 효율적으로 외울 수 있습니다. 또 그 단어가 어떤 상황에서 쓰이는지도 쉽게 기억할 수 있습니다.

3. 대소문자 확인하기
◆ 단어를 적을 때는 소문자로 적습니다.
◆ 예시 문장을 적을 때는 문장이기 때문에 문장의 첫 알파벳은 대문자로 씁니다.

4. 뜻 쓰기
수업 시간에 배운 뜻을 함께 적어두면 교과서 단원 속에서 그 단어가 어떤 뜻으로 쓰였는지 기억하기 쉽습니다.

5. 단어를 여러 번 써야 할 때
새 단어를 익히면서 여러 번 반복해서 써야 할 때가 있습니다. 이때 단어를 세로로 쓰는 것보다 가로로 이어 쓰면 단어를 눈으로 익히기 더 편합니다.

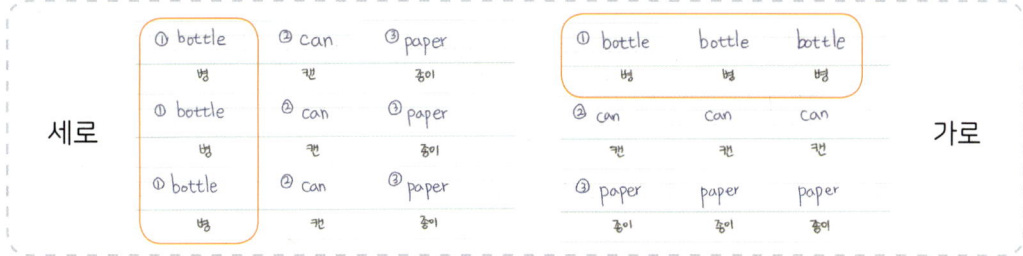

6. 단어나 예시 문장을 쓰면서 따라 읽기
단어나 문장을 쓸 때 따라 읽는 것은 효과적인 영어 공부 방법입니다.

02 Listening & Speaking

1단계 수업에 들어가기 전,
그림을 살피며 대화 내용을 예상해요

교과서 장면 살펴보기
등장인물들이 어떤 대화를 나누고 있는 모습일까?

영어 사전 찾아보기
노래의 가사가 교과서에 실려 있네. 처음 보는 단어가 있다면 뜻을 찾아볼까? 인터넷 영어 사전을 이용하면 발음도 들어볼 수 있어.

핵심 표현 떠올리기
지난 시간에 배운 New words와 Key expression을 떠올려볼까?

2단계 수업 중에는, 대화의 내용을 파악하며 수업을 들어요

❶ 수업 중 제일 중요한 것은 듣고 말하는 것입니다. 교과서에 필요한 메모를 할 수 있지만 쓰는 것에 너무 치중하여 듣고 따라 말하는 것을 소홀히 하지 않도록 합니다.

※ 온라인 수업의 경우 단어를 받아쓸 때 화면을 잠시 정지해둡니다.

교과서에 답 메모하기
질문에 대한 답을 써보자.

핵심 표현 메모하기
들리는 표현을 전부 쓰기보다는
계속 반복해서 들리는 어구를 적는 것이 중요해.
어구란 완전한 문장은 아니지만 단어들이 모여
하나의 뜻을 이루는 표현을 말해.

02 Listening & Speaking

3단계 수업이 끝난 후,
핵심 표현을 대화문의 형태로 필기해요

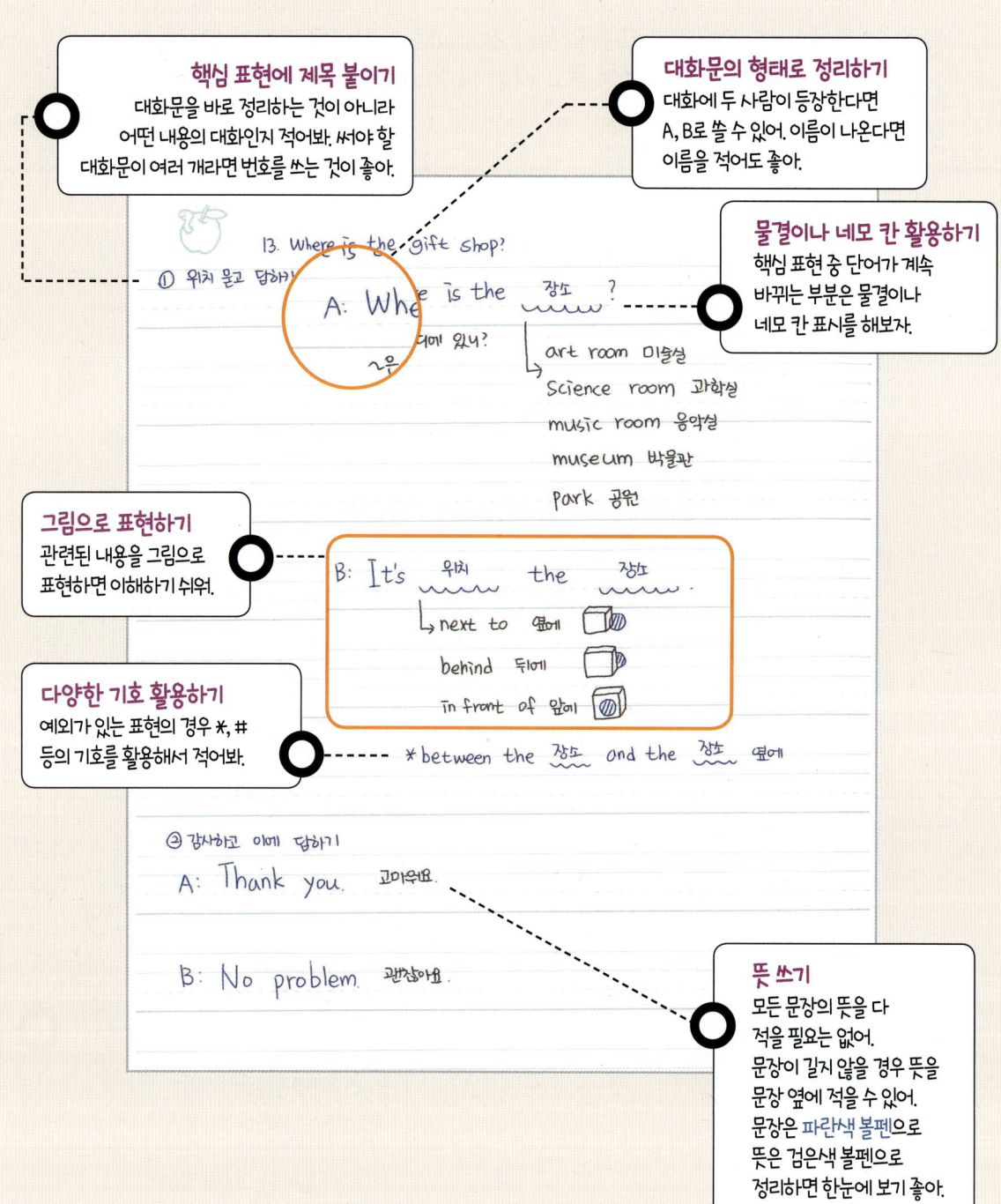

핵심 표현에 제목 붙이기
대화문을 바로 정리하는 것이 아니라 어떤 내용의 대화인지 적어봐. 써야 할 대화문이 여러 개라면 번호를 쓰는 것이 좋아.

대화문의 형태로 정리하기
대화에 두 사람이 등장한다면 A, B로 쓸 수 있어. 이름이 나온다면 이름을 적어도 좋아.

물결이나 네모 칸 활용하기
핵심 표현 중 단어가 계속 바뀌는 부분은 물결이나 네모 칸 표시를 해보자.

그림으로 표현하기
관련된 내용을 그림으로 표현하면 이해하기 쉬워.

다양한 기호 활용하기
예외가 있는 표현의 경우 *, # 등의 기호를 활용해서 적어봐.

뜻 쓰기
모든 문장의 뜻을 다 적을 필요는 없어. 문장이 길지 않을 경우 뜻을 문장 옆에 적을 수 있어. 문장은 파란색 볼펜으로 뜻은 검은색 볼펜으로 정리하면 한눈에 보기 좋아.

영어 듣기와 말하기 정리를 잘하려면?

1. 대화문의 형태로 정리하기

대화문의 형태로 정리해야 나중에 대화 내용을 파악하고 말하기 연습을 하기 쉽습니다.

> ❌ 이렇게 정리하지 말아요
> Where is the park? It's next to the museum.

> ✅ 이렇게 정리해요
> A: Where is the park?
> B: It's next to the museum.

2. 핵심 표현에 제목 붙이기

'길 묻고 답하기', '날씨 묻고 답하기' 등 어떤 내용의 대화를 정리한 것인지 제목을 적어두면 필요한 표현을 바로 찾을 수 있습니다.

3. 물결이나 네모 칸 활용하기

영어 시간에 등장하는 대화문을 살펴보면 주요 표현에서 단어만 바뀌어 반복됩니다. 따라서 주요 표현을 적은 후, 여러 단어가 바뀌어 들어가는 부분은 물결로 표시하거나 네모 칸을 그려넣습니다.

4. 그림으로 표현하기

위치를 나타내는 표현의 경우 간단한 그림을 그리면 내용을 기억하는 데 도움이 됩니다. 이처럼 그림이 내용의 이해를 도울 경우 간단히 그립니다.

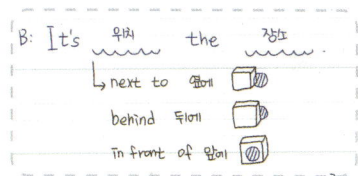

5. 다양한 기호 활용하기

일정한 규칙이 적용되는 표현 이외에 예외가 있는 표현이 있다면 다양한 기호를 활용해서 정리해둡니다.

6. 뜻 쓰기

이미 뜻을 알고 있다면 모든 문장의 뜻을 다 정리할 필요는 없습니다. 문장이 긴 경우에는 문장 밑에 뜻을 씁니다. 문장이 짧을 경우에는 문장 옆에 뜻을 씁니다.

03 Reading & Writing

1단계 수업에 들어가기 전,
그림을 살피며 글의 내용을 예상해요

글 제목 확인하기
큰 제목을 살펴봐. 어떤 내용의 글인지 예상해볼 수 있어.

그림 살펴보기
어떤 그림들이 그려져 있는지 살펴보며 내용을 예상해보자.

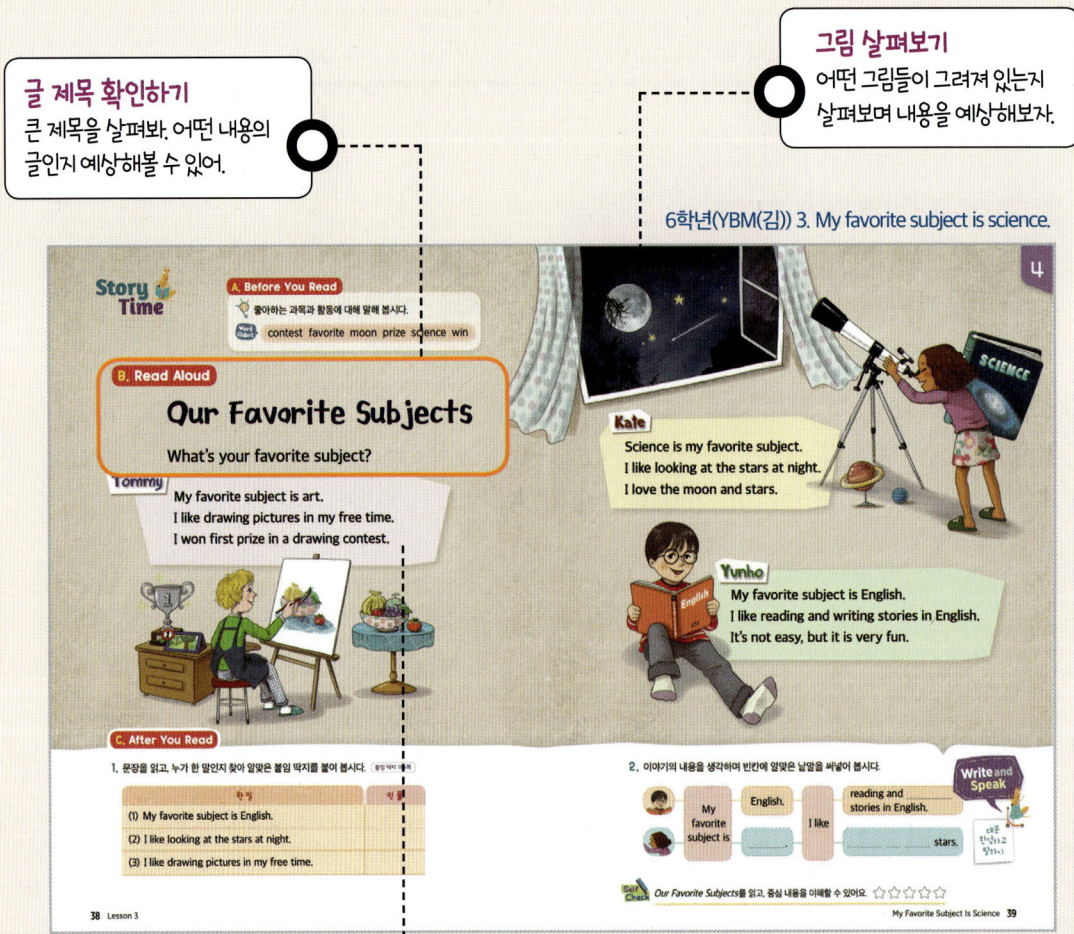

6학년(YBM(김)) 3. My favorite subject is science.

영어 사전 찾아보기
단어들 중에 모르는 단어가 있다면 뜻을 찾아볼까? 인터넷 영어 사전을 이용하면 발음도 들어볼 수 있어.

112

03 Reading & Writing

2단계 수업 중에는,
글의 내용을 파악하고 핵심표현을 찾으며 수업을 들어요

❶ Reading & Writing 영역에서는 Listening & Speaking 영역보다 긴 문장이 등장하기도 합니다. 문장이 길어질수록 문장을 읽을 때 강세, 리듬, 억양 등이 흐트러지기 쉽습니다. 강세, 리듬, 억양은 노트 필기에 다 정리하기 어려운 부분이므로 수업 시간에 집중하여 듣고 읽습니다.

핵심 표현에 형광펜으로 표시하기
반복되는 핵심 표현에 형광펜으로 밑줄을 그어봐.

교과서에 답 쓰기
질문에 대한 답을 검은색 볼펜이나 연필로 써보자.

처음 알게 된 표현의 뜻을 파란색 볼펜으로 쓰기
잘 몰랐던 표현의 뜻을 알게 되었다면 교과서 빈 공간에 표현과 뜻을 적어두자.

113

03 Reading & Writing

3단계 수업이 끝난 후, 핵심 개념을 보기 좋게 구조화하여 필기해요!

❶ Reading & Writing 영역에 등장하는 지문을 노트에 그대로 옮겨 적을 필요는 없습니다. 핵심 표현을 요약하여 노트에 정리합니다.

❷ 지난 시간과 중복되는 내용이 있을 경우, 그 내용을 충분히 이해했다면 다시 적지 않아도 됩니다. 하지만 하나의 내용을 다양하게 표현하는 방법을 소개하고 있다면 정리해두어야 합니다.

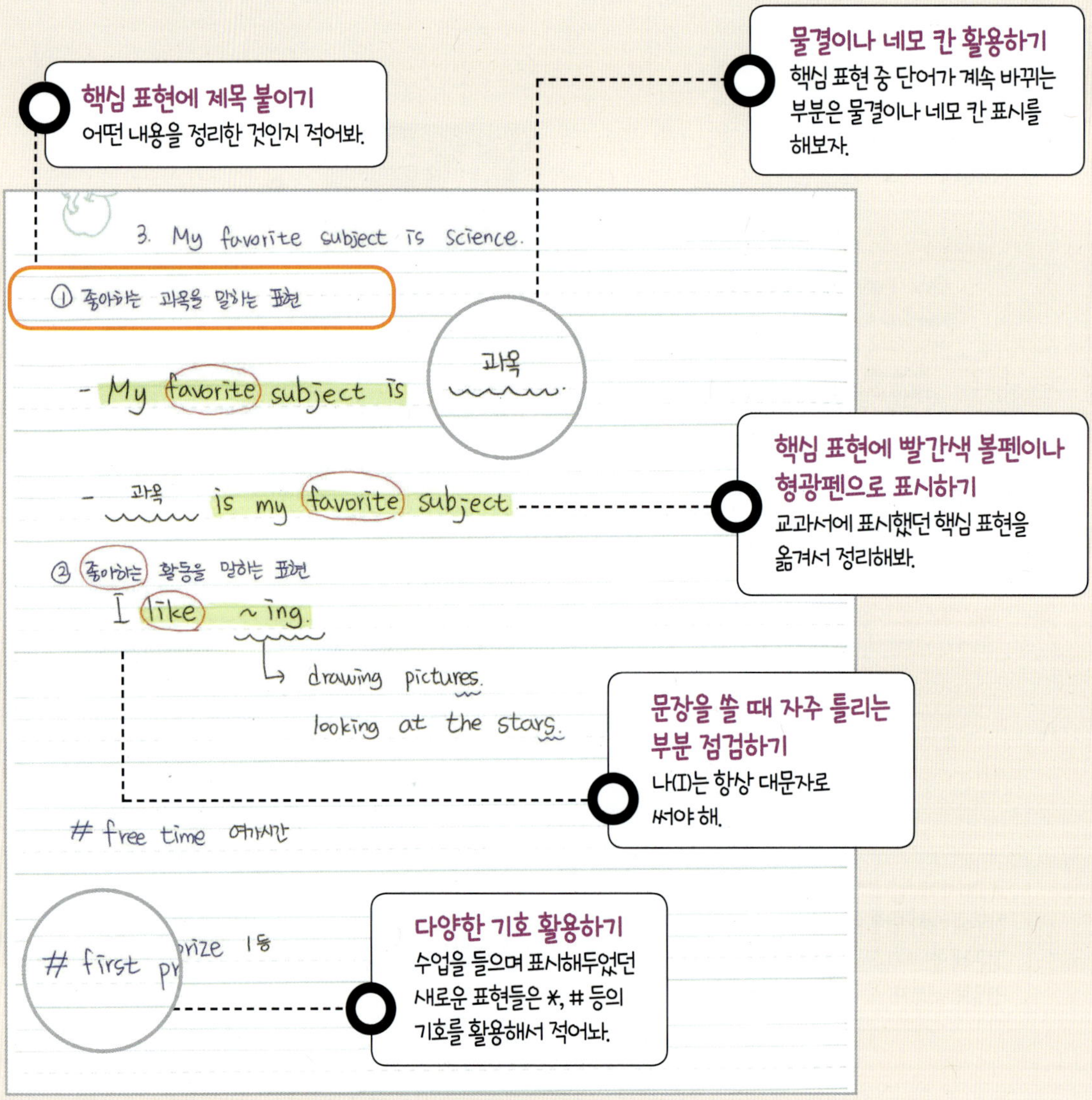

핵심 표현에 제목 붙이기
어떤 내용을 정리한 것인지 적어봐.

물결이나 네모 칸 활용하기
핵심 표현 중 단어가 계속 바뀌는 부분은 물결이나 네모 칸 표시를 해보자.

3. My favorite subject is science.

① 좋아하는 과목을 말하는 표현

- My favorite subject is ~~과목~~

- ~~과목~~ is my favorite subject

② 좋아하는 활동을 말하는 표현

I like ~ing.
→ drawing pictures.
  looking at the stars.

free time 여가시간

first prize 1등

핵심 표현에 빨간색 볼펜이나 형광펜으로 표시하기
교과서에 표시했던 핵심 표현을 옮겨서 정리해봐.

문장을 쓸 때 자주 틀리는 부분 점검하기
나(I)는 항상 대문자로 써야 해.

다양한 기호 활용하기
수업을 들으며 표시해두었던 새로운 표현들은 *, # 등의 기호를 활용해서 적어봐.

114

1. 핵심 표현에 제목 붙이기

어떤 내용의 표현을 정리한 것인지 제목을 적어두면 필요한 표현을 바로 찾을 수 있습니다.

2. 핵심 표현에 빨간색 볼펜이나 형광펜으로 표시하기

문장 전체에 밑줄을 그을 경우 왜 밑줄을 그었는지 알기 어렵습니다. 필요한 부분에만 형광펜으로 표시합니다.

> ❌ 이렇게 쓰지 말아요
> I like drawing pictures in my free time.
>
> ✅ 이렇게 써요
> I like drawing pictures in my free time.
> I like drawing pictures in my free time.

3. 물결이나 네모 칸 활용하기

주요 표현을 적은 후, 여러 단어가 바뀌어 들어가는 부분은 물결로 표시하거나 네모 칸을 그려넣습니다.

4. 문장을 쓸 때 자주 틀리는 부분 점검하기

◆ 나(I)는 항상 대문자로 씁니다.
◆ 영어 문장을 쓸 때도 한글 문장을 쓰는 것처럼 띄어쓰기가 제대로 되어야 의미가 전달됩니다. 단어와 단어 사이는 띄어 씁니다.
◆ 문장의 첫 알파벳은 대문자로 시작합니다.
◆ 문장을 마칠 때 '.', '?', '!'와 같은 문장 부호를 씁니다.

> ❌ 이렇게 쓰지 말아요
> My favoritesubjectisart.
>
> ✅ 이렇게 써요
> My favorite subject is art.

5. 다양한 기호 활용하기

처음 보는 표현이 있다면 다양한 기호를 활용해서 정리해둡니다.

6. 주요 표현을 활용해서 다양한 문장 쓰기

주요 표현을 활용한 문장을 쓰면 그 문장의 쓰임새를 잘 이해할 수 있을 뿐만 아니라 복습에도 도움이 됩니다.

PART 3

중학교에 들어가기 전,
시험 대비
노트 필기의 모든 것

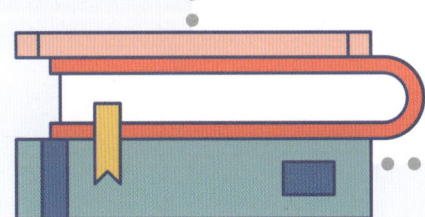

1 국어 만점을 위한 노트 필기

🎯 　학년이 올라감에 따라 시험에 나오는 국어 지문은 더 길어지고, 작품의 내용 또한 어려워집니다. 이때 가장 필요한 것은 바로 문해력입니다. 글을 읽고 이해하는 능력인 문해력이 부족하면 글을 읽어도 내용을 잘 이해하지 못하거나, 주어진 시간 내 지문을 다 읽지 못합니다. 문해력을 기르기 위해서는 많은 양의 책을 읽는 것도 중요하지만 내가 읽은 내용을 내 생각으로 정리하는 과정이 필요합니다. 이를 위한 가장 효과적인 방법은 바로 나만의 국어 노트를 정리하는 것입니다.

국어 시험 준비! 어떻게 하면 좋을까요?

국어 과목은 단시간에 실력을 향상하기 힘들어 유독 어떻게 공부해야 하는지 어려워하는 학생이 많습니다. 국어 과목 실력 향상을 위해서는 무작정 많은 문제를 푸는 것보다 국어 시험 노트 필기를 통해 기초를 다지는 것이 중요합니다. 문제집만으로 공부한 학생은 당장 국어 시험 점수가 오를지는 모르나, 문해력과 배경 지식이 제대로 쌓이지 않아 학년이 올라갈수록 더욱 많은 어려움을 느끼게 됩니다. 국어 시험 준비를 위한 노트 필기 방법을 함께 살펴봅시다.

❶ 교과서에 실린 작품을 이해해야 합니다

국어 시험 준비를 위해서는 교과서에 실린 작품을 이해하는 것이 가장 우선이 되어야 합니다. 모든 시험의 기본은 교과서이기 때문입니다. 선생님께서 수업 중 설명해주신 내용이나, 국어 문제를 풀며 스스로 공부한 내용을 잘 정리해서, 작품을 깊이 있게 이해해보세요.

❷ 문법과 같은 어려운 개념을 정리해야 합니다

국어 과목에도 다른 과목과 같이 이해해야 하는 개념과 문법 등이 있습니다. 많은 문제를 풀어보는 것도 좋지만 반복해서 틀리는 개념은 반드시 노트로 정리하여 나만의 것으로 만들어야 합니다.

❸ 다양한 책을 읽고 어휘력을 길러야 합니다

국어 교과서에 나온 작품 외에도 다양한 책을 읽고, 알게 된 것과 내 생각을 글로 표현하는 것은 매우 중요합니다. 읽는 책의 종류는 내가 좋아하는 분야에서 시작하여 점차 생소한 분야와 종류까지 넓혀 읽는 것이 좋습니다. 다양한 종류의 책을 읽고 국어 노트를 쓰는 것은 배경 지식과 독해력을 넓고 깊게 확장하는 데 도움이 됩니다. 또, 어려운 단어가 많아 글을 읽기 힘든 학생의 경우에는 어휘 노트를 함께 작성하면 좋습니다. 단어는 지문 이해의 기초가 되기 때문입니다.

➕ **국어 노트 필기! 어떤 방법들을 살펴볼까요?**

① 교과서의 작품을 파악하고 정리하는 **작품 정리 노트 필기**
② 문법 등 어려운 개념 이해를 위한 **개념 정리 노트 필기**
③ 많은 책을 읽으며 지식을 넓히자! **독서를 통한 노트 필기**
④ 모르는 단어가 많다면? **어휘력을 위한 노트 필기**

교과서에 나오는 작품은 꼼꼼하게 정리해요

❶ 대부분의 국어 시험은 교과서의 작품을 파악하고 이에 관한 문제를 풀어보는 형식으로 이루어져 있습니다. 따라서 교과서의 작품에 대한 이해가 필요합니다. 핵심 내용이나 수업 시간에 선생님께서 중요하다고 말씀하셨던 부분을 떠올려 노트에 정리해봅시다.

단원명과 학습 문제 쓰기
작품과 관련된 단원명과 학습 문제를 기록해.

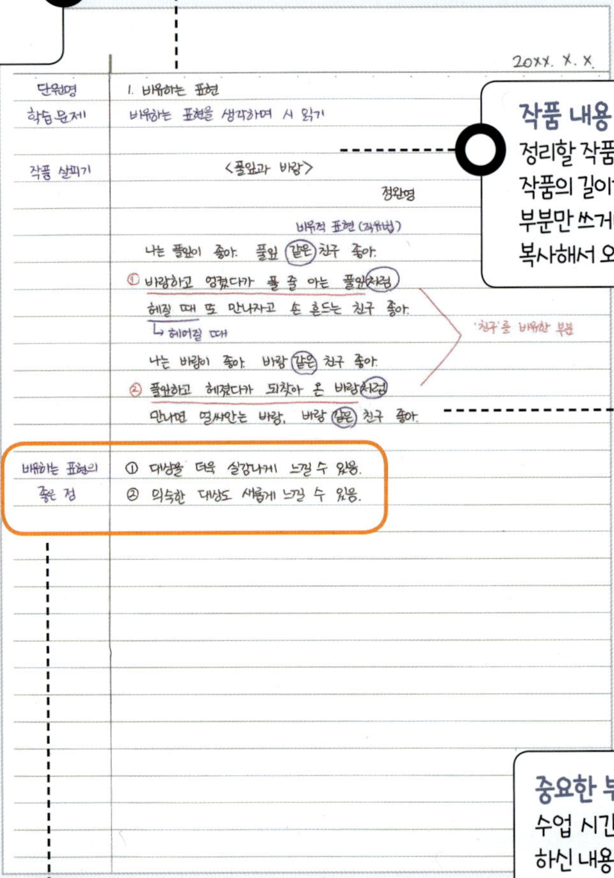

작품 내용 옮겨 적기
정리할 작품의 내용을 옮겨 적어. 작품의 길이가 너무 길 경우 중요한 부분만 쓰거나 글의 내용을 복사해서 오려 붙여도 좋아.

중요한 부분 필기하기
수업 시간에 선생님께서 설명하신 내용을 작품 위에 필기해봐. ①,②,③이나 → 등의 기호를 활용해. 작품의 내용과 혼동되지 않도록 파란색 볼펜이나 빨간색 볼펜을 사용하면 좋아.

관련 개념 정리하기
작품과 관련된 개념을 함께 정리해봐. 교과서의 내용을 참고하면 어떤 내용을 정리하면 좋을지 알 수 있어.

문법 등 어려운 개념은 따로 정리해요

❶ 국어 과목에도 이해하고 외워야 할 개념이 등장하는데, 주로 문법 영역이 이에 해당합니다. 문법은 독해와 글쓰기를 위해 꼭 이해해야 하는 중요한 영역입니다. 개념 정리 노트 필기를 통해 교과서에 등장하는 문법을 익혀봅시다.

단원명과 학습 문제 쓰기
문법과 관련된 단원명과 학습 문제를 기록해.

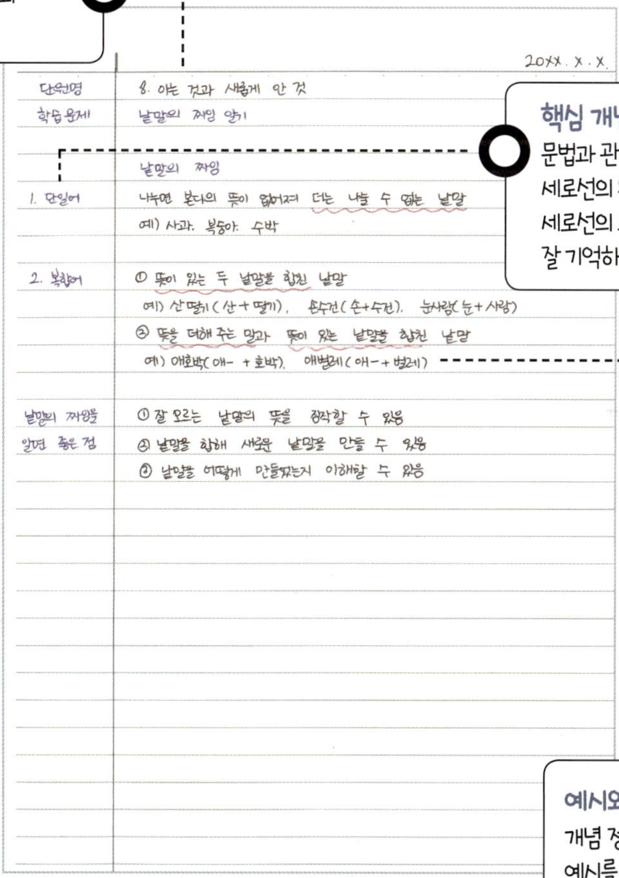

핵심 개념 정리하기
문법과 관련된 핵심 개념을 세로선의 왼쪽에 정리해. 세로선의 오른쪽을 가린 후 내용을 잘 기억하고 있는지 복습할 수 있어.

예시와 함께 정리하기
개념 정리 노트 필기를 할 때는 예시를 함께 정리하면 더욱 이해하기 좋아.

세 번째

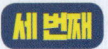

읽은 책은 모두 기록으로 남겨요

❶ 초등학교, 중학교 과정까지는 주로 교과서에 실린 글감 위주로 시험이 출제됩니다. 따라서 교과서의 지문을 확실히 이해하고 많은 문제를 풀어본다면 시험에서 높은 점수를 받을 수 있습니다. 그러나 단순 문제 풀이의 방법으로만 국어 공부를 한다면 더 이상의 발전은 어렵습니다.

❷ 처음 보는 문제도 깊이 있게 읽고 해결하는 방법은 바로 독서를 통한 노트 필기입니다. 책을 읽고 내용을 되새기며 스스로 소화하는 과정을 통해 내 생각을 글로 자신 있게 쓸 수 있습니다.

책 정보와 날짜 쓰기
책 이름과 지은이, 출판사를 쓰고 오른쪽 위에 읽은 날짜를 기록해.

책의 장르 쓰기
내가 읽은 책의 장르를 기록하고 확인하며 다양한 종류의 책을 골고루 읽도록 노력해봐.

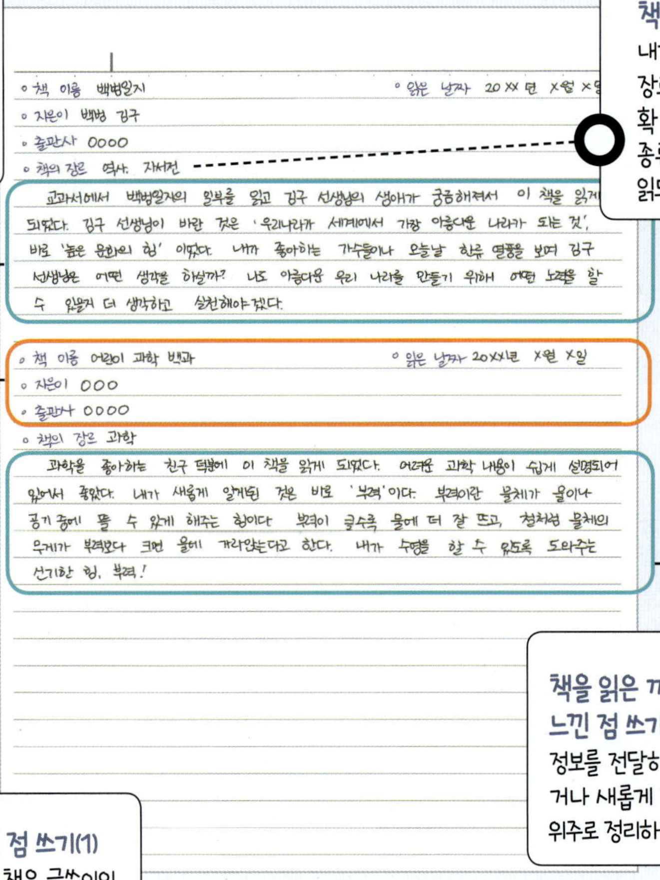

◦ 책 이름 백범일지 ◦ 읽은 날짜 20XX년 X월 X일
◦ 지은이 백범 김구
◦ 출판사 OOOO
◦ 책의 장르 역사: 자서전

교과서에서 백범일지의 일부를 읽고 김구 선생님의 생애가 궁금해져서 이 책을 읽게 되었다. 김구 선생님이 바란 것은 '우리나라가 세계에서 가장 아름다운 나라가 되는 것', 바로 '높은 문화의 힘'이었다. 내가 좋아하는 가수들이나 오늘날 한류 열풍을 보며 김구 선생님은 어떤 생각을 하실까? 나도 아름다운 우리 나라를 만들기 위해 어떤 노력을 할 수 있을지 더 생각하고 실천해야겠다.

◦ 책 이름 어린이 과학 백과 ◦ 읽은 날짜 20XX년 X월 X일
◦ 지은이 OOO
◦ 출판사 OOOO
◦ 책의 장르 과학

과학을 좋아하는 친구 덕분에 이 책을 읽게 되었다. 어려운 과학 내용이 쉽게 설명되어 있어서 좋았다. 내가 새롭게 알게된 것은 바로 '부력'이다. 부력이란 물체가 물이나 공기 중에 뜰 수 있게 해주는 힘이다. 부력이 클수록 물에 더 잘 뜨고, 철처럼 물체의 무게가 부력보다 크면 물에 가라앉는다고 한다. 내가 수영을 할 수 있도록 도와주는 신기한 힘, 부력!

책을 읽은 까닭과 느낀 점 쓰기(2)
정보를 전달하는 책은 중요하거나 새롭게 알게 된 정보를 위주로 정리하면 좋아.

책을 읽은 까닭과 느낀 점 쓰기(1)
글쓴이의 생각이 드러나는 책은 글쓴이의 생각에 대한 나의 의견을 함께 정리하면 좋아.

네 번째
모르는 단어 정리로 어휘력을 키워요

❶ 국어 지문 독해의 가장 기본이 되는 것은 바로 어휘력입니다. 다양한 글을 읽으며 자연스럽게 어휘력을 향상시킬 수 있지만, 계속해서 단어 때문에 어려움을 겪는다면 어휘력을 위한 노트 필기도 하나의 방법이 될 수 있습니다.

모르는 단어 쓰기
교과서, 문제집, 책 등을 읽다 모르는 단어가 나오면 바로바로 정리해봐.

예시 문장 쓰기
국어사전에서 뜻을 봐도 잘 이해가 되지 않을 때가 있어. 이럴 때는 예시 문장을 다시 보며 문맥을 확인해! 예시 문장은 내가 몰랐던 단어가 있는 문장을 쓰면 돼.

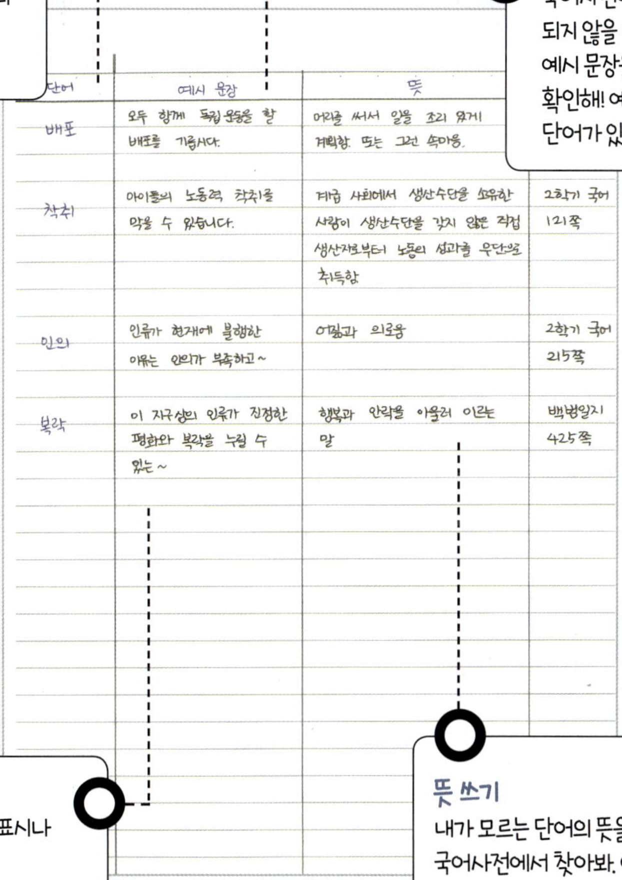

단어	예시 문장	뜻	
배포	모두 함께 독칩 운동을 할 배포를 가집시다.	머릿속에서 일을 조리 있게 계획함. 또는 그런 속마음.	
착취	아이들의 노동력 착취를 막을 수 있습니다.	계급 사회에서 생산 수단을 소유한 사람이 생산 수단을 갖지 않은 직접 생산자로부터 노동의 성과물을 무단으로 취득함.	2학기 국어 121쪽
인의	인류가 현재에 불행한 이유는 인의가 부족하고~	어짊과 의로움	2학기 국어 215쪽
복락	이 지구상의 인류가 진정한 평화와 복락을 누릴 수 있는 ~	행복과 안락을 아울러 이르는 말	백범일지 425쪽

예시 문장 생략하기
예시 문장이 길 경우에는 ~표시나 …로 생략할 수 있어.

뜻 쓰기
내가 모르는 단어의 뜻을 국어사전에서 찾아봐. 어려울 때는 선생님께 도움을 청해도 좋아.

② 수학 만점을 위한 오답 노트

 수학 오답 노트는 왜 중요할까요?

1. 틀렸던 문제를 또 틀리지 않게 도와줍니다
실수로 틀렸다고 넘어간 문제를 반복해서 틀렸던 경험을 모두 한 번쯤은 갖고 있습니다. 어떻게 하면 반복해서 틀리는 문제를 줄일 수 있을까요? 오답 노트를 통해서 내가 자주 틀리는 오답 유형을 정리해야 합니다. 오답 노트를 만들면 수학 개념이 정교화되고 문제 유형에 따라 풀이 방법을 선택하는 능력과 주어진 조건을 분석하는 능력이 향상됩니다. 내가 왜 틀렸는지 오답 노트에 정리하면 나중에 비슷한 문제를 만났을 때 실수하지 않고 문제를 해결할 수 있습니다.

2. 수학적 사고력을 요구하는 문제를 해결할 수 있게 도와줍니다
수학을 잘하는 학생은 문제를 풀 때 조건을 하나하나 분석합니다. 단순한 연산 문제에서 벗어나 수학적 사고력을 요구하는 문제는 조건을 분석해야 합니다. 오답 노트는 내가 틀린 이유, 필요한 수학적 개념, 파악해야 하는 조건 등을 분석해서 정리하기 때문에 수학적 사고력을 요구하는 문제들을 해결하는 데 도움을 줍니다.

수학 시험 준비! 어떻게 하면 좋을까요?

❶ 오답 노트에 틀린 문제를 모두 넣지 않습니다

수학 문제를 틀리는 유형은 다양합니다. 하지만 오답 노트에 틀린 문제를 모두 넣기보다는 개념과 공식을 이해하지 못해서 틀린 문제, 푸는 도중에 막힌 문제를 위주로 넣는 게 좋습니다. 양이 많아지면 오답 노트를 쓰는 데 많은 시간이 걸려 비효율적이기 때문입니다.

❷ 효율적인 오답 노트 작성을 해야 합니다

초등학교 수학과 다르게 중학교 수학은 문제에 주어진 조건과 그림 등이 복잡합니다. 문제를 그대로 옮겨 적으면 시간이 오래 걸리기 때문에 문제의 길이가 길면 중요한 조건과 내용, 그래프, 도형 위주로 문제를 옮겨 적습니다. 시간을 절약하기 위해서 문제집에 있는 문제를 오려 붙이는 것도 좋은 방법입니다.

❸ 틀린 이유, 앞으로 어떻게 문제를 해결하면 좋을지 적어야 합니다

내가 '왜' 이 문제를 틀렸는지 구체적으로 적으면 좋습니다. 단순히 '그래프 이해 못함'이라고 적기보다는 그래프의 어떤 개념을 이해 못했고 그래프의 성질 중 무엇을 적용 못했는지 등을 자세히 적으면 좋습니다.
그리고 비슷한 유형의 문제를 만났을 때 어떻게 그래프를 분석하면 좋을지 적어둡니다. 마지막으로 틀린 문제를 해결할 때 반드시 알아야 하는 개념을 간략하게 정리합니다.

➕ 수학 오답 노트! 어떻게 하면 될까요?

① 문제의 조건을 분석하자! **틀린 이유와 핵심 Point로 문제 분석하기**
② 간단한 오답 노트로 수학 만점을 받자! **기초부터 차근차근! 핵심만 쏙쏙!**

첫 번째
틀린 이유를 반드시 적어요

문제 풀기 전 생각할 내용 쓰기 ○

핵심 Point 쓰기 ○

문제를 읽으면서 어느 단원의 문제인지 파악하자!
도형 문제는 정의를 떠올린 후 문제를 풀어야 해.

<핵심 Point>
1) '둘레'라는 표현이 없어도 둘레를 이용해서 풀어야 하는 문제라는 걸 알아야 해!
2) 5학년 1학기 6. 다각형의 둘레랑 넓이 교과서를 다시 보자. 도입 부분에 둘레를 구할 때 철사를 구부려서 펴는 개념이 활용되어 있어.
3) 정육각형, 정사각형은 모든 변의 길이가 같아.

○○문제집 5-1   다시 푼 횟수 : T
24쪽 6번 문제

문제와 다시 푼 횟수 쓰기 ○

철사를 구부려서 한 변이 $\frac{2}{5}$ m인 정육각형을 만들었습니다. 이 정육각형을 풀어서 정사각형을 만들었을 때 만든 정사각형의 한 변의 길이는 몇 m인지 구하시오. (단, 철사를 겹치거나 잇는 데 사용하지 않았습니다.)

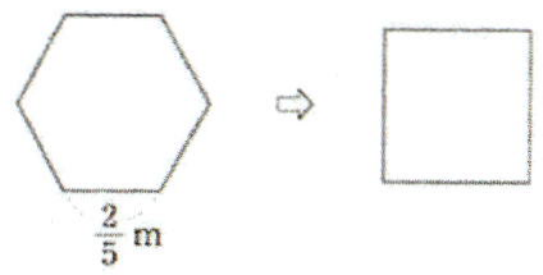

※ 도형 문제를 풀 때, 정의를 잊지 말자!

<풀이>
① 사용한 철사의 길이를 구하자 → (분수) × (자연수)
↳ 전체 길이를 구할 땐 곱한다.

$\frac{2}{5}$ m × 6 = $\frac{12}{5}$ m ($\frac{2}{5}$ + $\frac{2}{5}$ + $\frac{2}{5}$ + $\frac{2}{5}$ + $\frac{2}{5}$ + $\frac{2}{5}$)

· 정육각형의 둘레 = (한 변의 길이) × 6

틀린 이유 쓰기 ○

<틀린 이유>
① (분수) × (자연수), (분수) ÷ (자연수)를 문제에 적용 못함. → 언제 곱하고 나누어야 할까?
② 정육각형을 풀어서 정사각형을 어떻게 만든건지 이해 못함. → 5학년 1학기 6단원 교과서 다시 보기

② 펼친 철사의 길이가 $\frac{12}{5}$ m이고 이걸 구부려서 정사각형을 만들자. → (분수) ÷ (자연수)
↳ 한 변의 길이를 구할땐 나눈다.

$\frac{12}{5}$ m ÷ 4 = $\frac{\cancel{12}^3}{5}$ × $\frac{1}{\cancel{4}}$ = $\frac{3}{5}$ m

· 정사각형의 한 변의 길이를 구해야 하므로 4로 나눈다. (만약 정삼각형이면 몇으로 나눌까?)

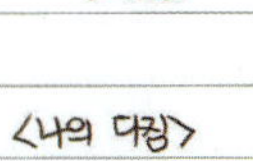

※ 4등분
↳ ÷개념

∴ $\frac{3}{5}$ m

나의 다짐 쓰기 ○

<나의 다짐>
도형이 있으면 정의를 생각하고 변형하고 조각하자! 넌 할수 있어!

문제 풀이 방법 쓰기 ○

두번째
핵심 포인트를 정리해요

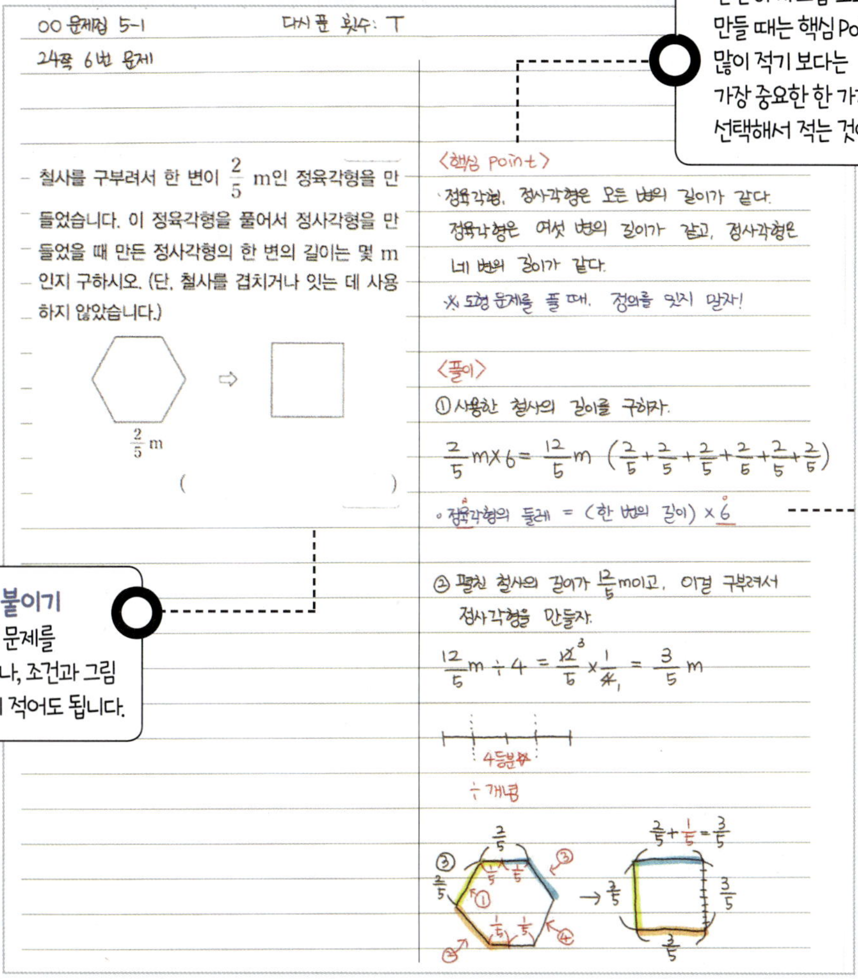

핵심 Point 쓰기
간단하게 오답 노트를 만들 때는 핵심 Point를 많이 적기 보다는 가장 중요한 한 가지 정도를 선택해서 적는 것이 좋습니다.

문제 옮겨 붙이기
문제가 길면 문제를 오려 붙이거나, 조건과 그림 등만 간략히 적어도 됩니다.

문제 풀이 방법 쓰기
풀이를 적을 때는 답지 풀이를 그대로 적는 것이 아니라 내가 이해한 내용을 바탕으로 적어야 합니다. 또 다양한 풀이 방법을 오답 노트에 모아두면 복습할 때 다시 보게 되므로 수학적 사고력을 기르는 데 도움이 됩니다.

수학 오답 노트 정리를 잘하려면?

1. 교과서의 학습 순서를 기본 틀로 내용을 정리하기
수학 문제를 풀 때 바로 문제를 풀기보다는 문제 해결에 필요한 개념이 무엇인지 생각하고 푸는 게 좋습니다. 문제를 바로 푸는 학생은 급한 마음에 실수를 할 가능성이 높기 때문입니다. 천천히 문제와 조건을 살펴보고 수학 개념을 떠올려 보는 습관은 매우 중요합니다.

2. 문제와 다시 푼 횟수 쓰기
◆ 오답 노트를 만들 때는 노트 한 면을 반으로 접어야 합니다.
◆ 문제를 손으로 옮겨 적어도 됩니다. 하지만 문제가 길거나, 그림 등이 복잡할 경우 문제집에 있는 그림을 오려서 붙이는 게 좋습니다. 오답 노트를 만드는 데 시간이 오래 걸리면 비효율적이기 때문입니다.
◆ 문제를 옮겨 붙인 후 문제의 출처를 적고 다시 푼 횟수를 적습니다. 다시 푼 횟수가 내가 노트를 복습한 횟수가 됩니다. 내가 다시 푼 횟수만큼 여러분의 수학 실력도 향상됩니다.

3. 틀린 이유 쓰기
오답 노트를 만드는 이유는 내가 틀린 문제를 다시 틀리지 않기 위해서입니다. 내가 '왜' 이 문제를 틀렸는지 알아야 다시 이 문제를 틀리지 않습니다. 그러므로 틀린 이유를 적을 때는 내가 풀 때 어떤 부분을 몰랐고 실수했는지 자세하게 적는 것이 중요합니다. 선생님께 질문할 내용 또는 교과서 어느 부분을 찾아서 개념을 보충해야 하는지 파란색 볼펜으로 적으면 좋습니다.

4. 핵심 Point 쓰기
문제를 적는 공간과 문제의 풀이 방법을 적는 공간이 분리되어야 합니다. 문제 풀이 방법을 적는 공간에는 핵심 Point가 들어갑니다. 내가 틀린 문제를 풀 때 알아야 하는 수학 개념을 내가 이해한 내용을 바탕으로 정리해야 합니다. 가장 중요한 수학 개념은 파란색 볼펜으로 씁니다.

5. 문제 풀이 방법 쓰기

문제 풀이 방법을 쓸 때 주의할 점이 있습니다. 답지에 있는 풀이를 그대로 쓰는 것이 아니라 내가 이해한 풀이 방법을 바탕으로 써야 합니다. 풀이 한 줄마다 내가 분석한 내용을 파란색 볼펜과, 빨간색 볼펜으로 씁니다. 결과만 적는 게 아닌 결과가 나오기까지의 과정을 쓰는 것이 중요합니다.

6. 나의 다짐 쓰기

내가 틀린 문제를 다시 푼다는 건 쉽지 않은 일입니다. 문제를 해결하면 기분이 좋고 문제를 틀리면 기분이 좋지 않은 것과 같습니다. 하지만 내가 틀린 문제를 정리하는 이유는 두 번 다시 비슷한 문제를 틀리지 않기 위해서입니다. 나의 다짐을 통해 다시 한 번 마음을 다듬고 나에게 응원의 말 한 마디를 쓰는 것도 좋습니다.

7. 다양한 풀이 방법 탐구하고 쓰기

내가 틀린 문제의 경우 풀이 방법을 몰라서 틀리는 경우가 많습니다. 내가 틀린 문제가 언제 어떻게 변형돼서 나올지 모르기 때문에 다양한 풀이 방법을 탐구할 필요가 있습니다. 이전에 배운 개념을 적용해볼 수 있고 그림 또는 표 등을 활용한 다양한 풀이 방법을 탐구할 수 있습니다.

8. 수학 오답 노트 여러 번 펼쳐 보기

여러분이 만든 오답 노트를 한 번만 보고 덮으면 안 됩니다. 여러 번 반복해서 보고 보충할 내용이 있으면 보충해야 합니다. 내 약점을 파악하고 보완해야 시험에서 좋은 성적을 얻을 수 있습니다. 오답 노트에 있는 문제를 풀 때는 풀이를 가리고 문제를 해결해야 합니다. 또한 다양한 풀이 방법을 적용해서 문제를 풀 수 있어야 합니다. 한 문제를 다양한 방법으로 해결하는 것은 수학적 사고력과 문제 해결력을 높이는 좋은 방법입니다.

③ 사회·과학 만점을 위한 노트 필기

 사회·과학 노트 필기! 시험준비에 활용하면 어떤 점이 좋을까요?
사회·과학 시험을 준비하기 위해서는 핵심 개념 이해와 암기가 필수입니다. 그러나 사회와 과학은 교과서에 제시되어 있는 설명과 개념의 양이 많기 때문에 짧은 시간에 자세하게 살펴보고 외우기 어렵습니다. 따라서 사회, 과학 시험을 효율적으로 준비하기 위해서는 노트 필기를 활용하는 것이 좋습니다. 꼭 알아두어야 하는 중요한 내용과 핵심 개념뿐만 아니라 선생님께서 강조하신 내용을 함께 정리해두면 맞춤형 시험 준비를 할 수 있습니다.

사회, 과학 시험 준비!

어떻게 하면 좋을까요?

노트 필기를 활용하는 것이 효과적이라고 노트 필기로만 공부하면 안 됩니다. 교과서를 처음부터 끝까지 읽으며 머릿속에 입력하는 과정이 필요합니다. 특히 노트에 다 옮기지 못했던 사회과의 그림이나 도표, 과학과의 실험 모습과 결과 등을 눈여겨 확인하는 것이 중요합니다. 교과서로 복습을 한 후에 노트에 구조화하여 정리한 내용을 살펴보고 배운 내용을 되새기면 탄탄하게 실력을 쌓고 완벽하게 시험을 준비할 수 있습니다.

❶ 선생님처럼 설명할 수 있어야 합니다

공부한 내용을 눈으로 보고 읽는 것은 마치 내가 열심히 공부하고 있다고 착각하게 합니다. 핵심 단어만 보고 머릿속에 떠오르는 내용을 직접 설명해보는 과정은 개념 이해와 암기를 돕습니다. 처음에는 기억이 나지 않아 노트 필기를 다시 보게 되지만, 반복해서 연습하다 보면 어느새 공부해야 할 내용을 완벽하게 이해하고 외운 자신의 모습을 볼 수 있습니다.

❷ 중요한 부분을 문제로 만들어 풀어봐야 합니다

선생님은 어떤 내용을 시험 문제로 출제할까요? 가장 중요하고 핵심적이어서 꼭 기억해야 할 내용을 시험 문제로 만듭니다. 시험을 준비할 때 내가 시험 문제를 내는 선생님이라고 생각하고 중요 내용을 나만의 문제로 만들어 풀어보는 것이 도움이 됩니다.

❸ 틀린 이유를 확인해야 합니다

시험을 잘 보기 위해서는 문제를 많이 풀어보는 것보다 중요한 것은 틀린 부분을 확인하고 부족한 개념을 채우는 것입니다. 틀린 문제를 확인하며 '왜' 틀렸는지 생각해보고 반복해서 틀리지 않도록 헷갈리거나 잘 모르는 내용을 보충하는 과정이 필요합니다.

> ➕ **사회·과학 노트 필기! 어떤 방법들을 살펴볼까요?**
> ① 선생님처럼 설명해보자! **핵심 단어를 활용한 시험 준비**
> ② 중요한 내용을 문제로 만들어보자! **자기 평가를 활용한 시험 준비**
> ③ 틀린 문제에서 핵심을 찾자! **오답노트를 활용한 시험 준비**

핵심 단어는
완벽하게 정리해요

❶ 내가 설명해야 할 핵심 단어를 살펴보고 교과서와 노트로 공부해보세요. 핵심 단어를 완벽하게 이해하고 있어야 설명할 수 있으므로 평소보다 더 꼼꼼하게 공부하게 됩니다.

❷ 공부가 끝나면 노트에 정리한 내용을 종이로 가린 뒤, 핵심 단어만 보고 선생님처럼 설명해보세요. 공부한 내용이 정리가 잘되고 내가 모르는 부분을 확인한 후 보충할 수 있습니다.

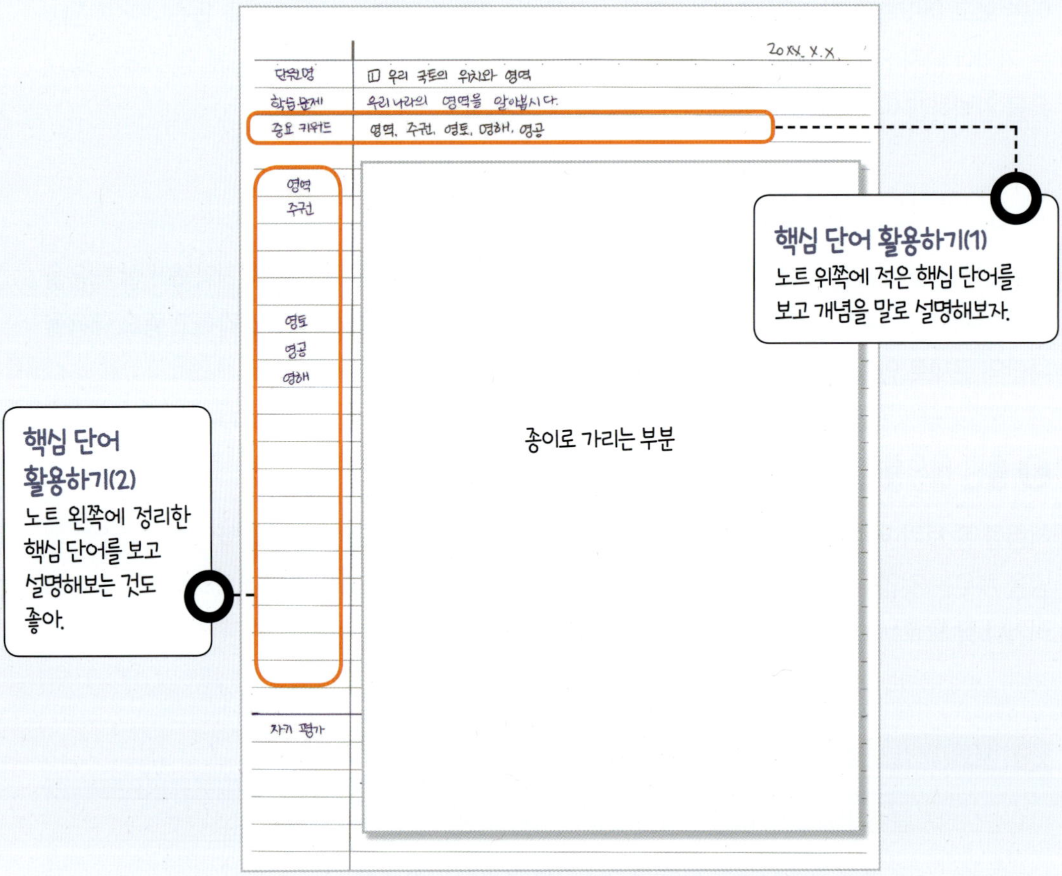

핵심 단어 활용하기(1)
노트 위쪽에 적은 핵심 단어를 보고 개념을 말로 설명해보자.

핵심 단어 활용하기(2)
노트 왼쪽에 정리한 핵심 단어를 보고 설명해보는 것도 좋아.

두 번째

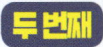

빈칸을 만들어 자기 평가를 해봐요

❶ 노트 필기를 마무리하며 만들었던 문제를 풀어봅니다. 내가 낸 문제를 풀어보면 꼭 기억해야 할 부분을 제대로 알고 있는지 확인할 수 있습니다.

❷ 내가 강조한 부분과 더불어 다른 사람이 중요하다고 생각한 부분까지 살펴보는 것은 시험 준비에 큰 도움이 됩니다. 친구의 노트와 나의 노트를 공유하고 서로 낸 문제를 풀어보면 더 많은 내용을 복습할 수 있습니다.

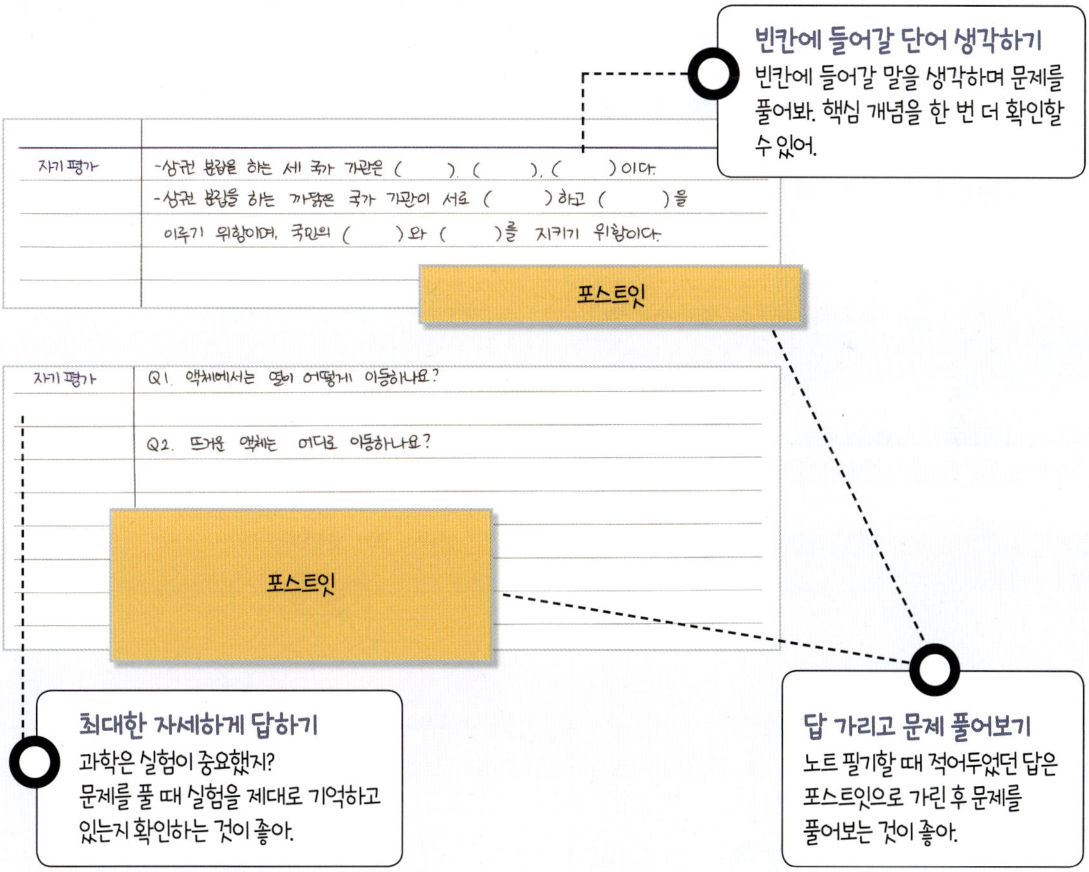

빈칸에 들어갈 단어 생각하기
빈칸에 들어갈 말을 생각하며 문제를 풀어봐. 핵심 개념을 한 번 더 확인할 수 있어.
자기 평가
-삼권 분립을 하는 세 국가 기관은 ( ), ( ), ( )이다.
-삼권 분립을 하는 까닭은 국가 기관이 서로 ( )하고 ( )을
이루기 위함이며, 국민의 ( )와 ( )를 지키기 위함이다.
포스트잇
자기 평가
Q1. 액체에서는 열이 어떻게 이동하나요?
Q2. 뜨거운 액체는 어디로 이동하나요?
포스트잇
최대한 자세하게 답하기
과학은 실험이 중요했지?
문제를 풀 때 실험을 제대로 기억하고 있는지 확인하는 것이 좋아.
답 가리고 문제 풀어보기
노트 필기할 때 적어두었던 답은 포스트잇으로 가린 후 문제를 풀어보는 것이 좋아.

세 번째
틀린 문제와 이유를 정리해요

문제 옮겨 쓰기
틀린 문제를 노트 위쪽에 옮겨 적어보자. 그림이 많거나 문제가 긴 경우 문제를 오려서 붙여도 좋아.

틀린 이유 쓰기
틀린 이유를 간단하게 적어봐. 실수일 수도 있고 내용을 몰랐을 수도 있겠지? 솔직하게 내가 놓친 부분을 확인하는 것이 중요해.

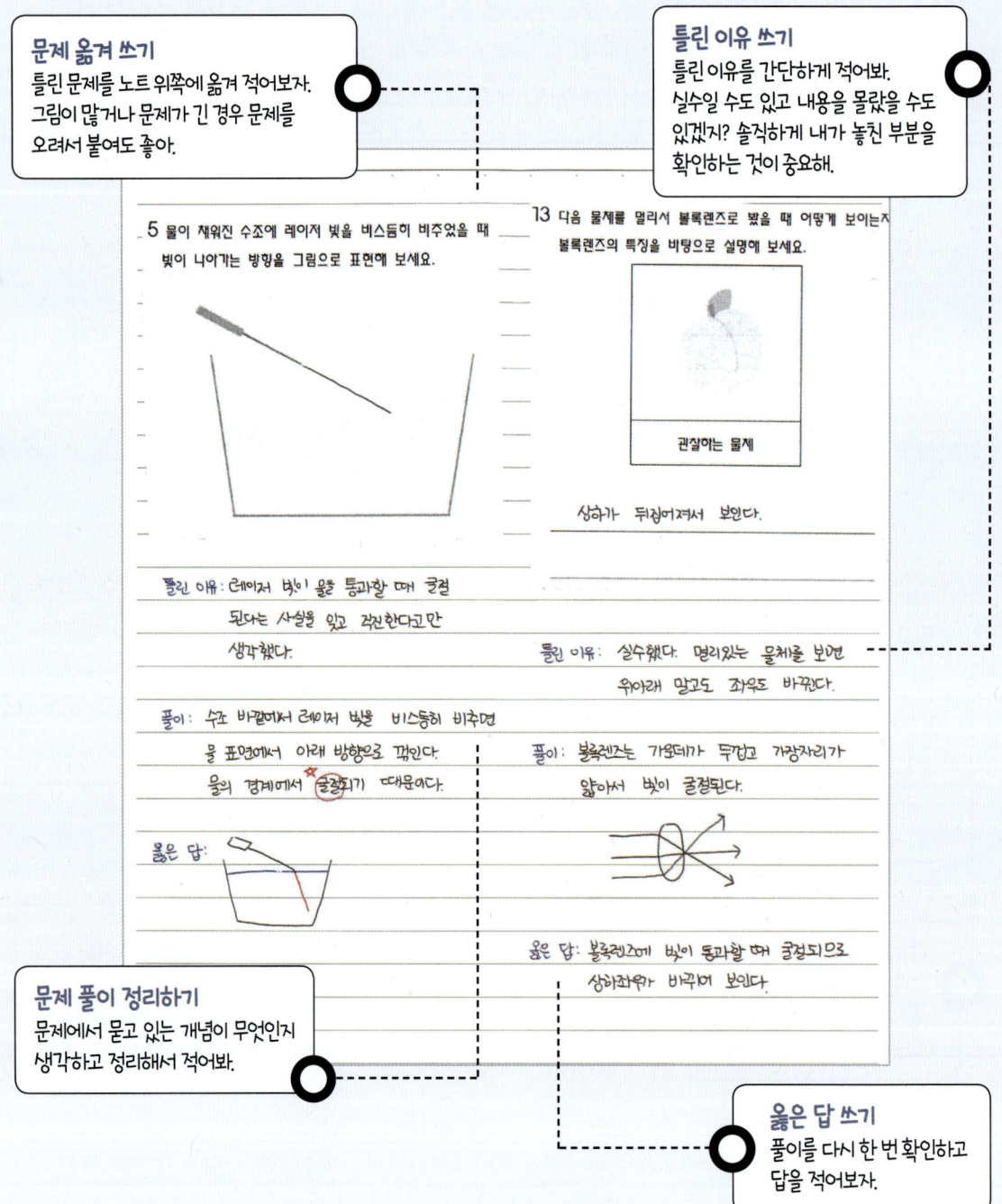

문제 풀이 정리하기
문제에서 묻고 있는 개념이 무엇인지 생각하고 정리해서 적어봐.

옳은 답 쓰기
풀이를 다시 한 번 확인하고 답을 적어보자.

사회·과학 오답 노트 정리를 잘하려면?

> **오답노트 필기 방법**
> ① 틀린 문제를 옮겨 쓰거나 참고서의 문제를 오려 붙입니다.
> ② 왜 틀렸는지 생각해보고 틀린 이유를 간단히 적습니다.
> ③ 풀이와 옳은 답은 무엇인지 적습니다.
> ④ 시험 전에 오답노트를 다시 한 번 살펴봅니다.

1. 문제 옮겨 쓰기

◆ 문제지나 시험지를 모두 보관해두었다가 틀린 문제를 찾으려면 시간이 많이 걸리기 때문에 틀린 문제만 모아서 오답노트를 만드는 것이 좋습니다.

◆ 문제를 쓸 때는 표, 그림까지 함께 적어야 합니다. 똑같이 옮겨 적는 것이 어려운 경우 문제를 오려서 붙입니다.

◆ 문제 맨 윗부분에 파란색 볼펜으로 문제의 출처를 적어두는 것도 좋습니다.

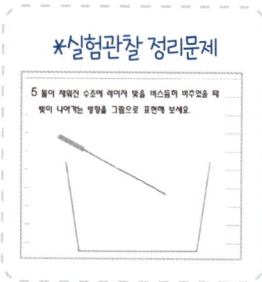

2. 틀린 이유 쓰기

◆ 문제를 틀린 이유를 생각하는 것은 개념을 다시 한 번 정리하고 공부하는 데 큰 도움이 됩니다.

◆ 최대한 구체적으로 어떤 부분을 몰랐는지, 왜 실수했는지 자세하게 쓰는 것이 좋습니다.

3. 문제 풀이 정리하기

◆ 문제에 적용된 개념이 무엇인지 찾아 공부하는 중요한 부분입니다. 문제지의 답지에 써 있는 설명을 그대로 옮겨 적기보다는 교과서/실험관찰을 보고 스스로 정리하는 것이 좋습니다.

◆ 문제 풀이 중 중요한 내용은 형광펜과 빨간색 볼펜으로 표시해서 강조합니다.

◆ 헷갈리는 단어 등에는 윗점을 빨간색 볼펜으로 표시해서 강조합니다.

4. 옳은 답 쓰기

◆ 풀이로 복습 한 후에 문제를 다시 한 번 풀어본다는 생각으로 옳은 답을 써봅니다.

◆ 옳은 답을 쓴 후 포스트잇을 붙여 풀이와 답을 가려놓으면 시험 전 복습할 때 효과적으로 활용할 수 있습니다.

4 영어 만점을 위한 노트 필기

🔍 영어 시험을 준비하기 위해서는 단어와 표현에 대한 암기가 필수입니다. 그러나 교과서의 여기 저기에 흩어져 있는 단어와 표현을 시험 직전에 외우기는 쉽지 않습니다. 그렇기 때문에 영어 시험을 효율적으로 준비하기 위해서는 노트 필기를 활용하는 것이 좋습니다. 노트에 꼭 알아야 하는 주요 단어나 표현을 정리한다면 효율적으로 시험 준비를 할 수 있습니다.

영어 시험 준비!
어떻게 하면 좋을까요?

영어는 의사소통을 위한 언어입니다. 그래서 영어 시험에는 쓰기, 읽기, 듣기 영역이 고루 출제됩니다. 이때 중요한 것은 의사소통을 위한 문장의 핵심이나, 전달하고자 하는 의도를 정확하게 파악하는 것입니다. 이를 위해서는 배운 단어와 표현을 기억하는 것이 가장 기초가 되어야 합니다. 그동안 쌓아둔 영어 노트를 어떻게 다시 시험에 맞게 정리할지, 영어 시험 준비를 위한 노트 필기 방법을 함께 살펴봅시다.

❶ 영어 시험 준비! 어떻게 하면 좋을까요?

먼저 그동안 매 영어 시간마다 차곡차곡 쌓아두었던 영어 노트를 살펴봅니다. 시험 범위의 첫 단원부터 마지막 단원의 노트 필기까지 쭉 둘러보며 어떤 내용을 공부했었는지 떠올립니다. 이제 시험 준비를 위한 노트 필기가 필요합니다. 바로 주요 단어는 단어끼리 주요 표현은 표현끼리 방법에 맞게 정리하는 것입니다.

❷ 단어는 단어끼리, 표현은 표현끼리

시험 문제는 1단원부터 순서대로 출제되지 않고 보통 시험 범위 안에서 섞여 출제됩니다. 때문에 1단원 단어+2단원 단어+3단원 단어, 1단원 표현+2단원 표현+3단원 표현과 같이 묶어 공부하는 것이 효율적입니다. 특히 단어를 먼저 숙지하고 표현을 공부하면 표현이 훨씬 쉽게 기억납니다.

➕ **영어 노트 필기! 어떤 방법들을 살펴볼까요?**

① 숨은 영어 찾기! **셀로판지를 활용한 시험 준비**
② 접힌 영어 찾기! **노트 접기를 활용한 시험 준비**

첫 번째
셀로판지를 활용해 단어를 암기해요

내가 외우고 기억해야 할 단어나 어구의 철자과 뜻을 한눈에 같이 보면 그 단어를 눈으로 읽을 뿐이지 내가 기억하고 있는 것이 맞는지 확인하기 어렵습니다. 또 외운 것을 확인하기 위해 백지에 외운 단어를 쭉 쓰는 경우가 있습니다. 이렇게 공부하는 것은 비효율적이며 잘 기억에 남지 않습니다. 그렇다면 어떻게 단어를 정리하는 것이 좋을까요?

① 노트를 세로로 절반 접습니다.
② 외워야 할 단어나 어구, 표현을 빨간색 볼펜으로 씁니다.
③ 외워야 할 뜻을 파란색 볼펜으로 씁니다.
④ 빨간색 셀로판지를 단어 부분을 덮으면 뜻만 보입니다. 반대로 파란색 셀로판지를 노트에 덮으면 단어나 어구, 표현만 보입니다. 노트 윗부분에 작은 집게를 꽂아 셀로판지를 고정해두고 셀로판지를 들췄다가 내리면서 내가 외운 것을 확인할 수 있습니다.

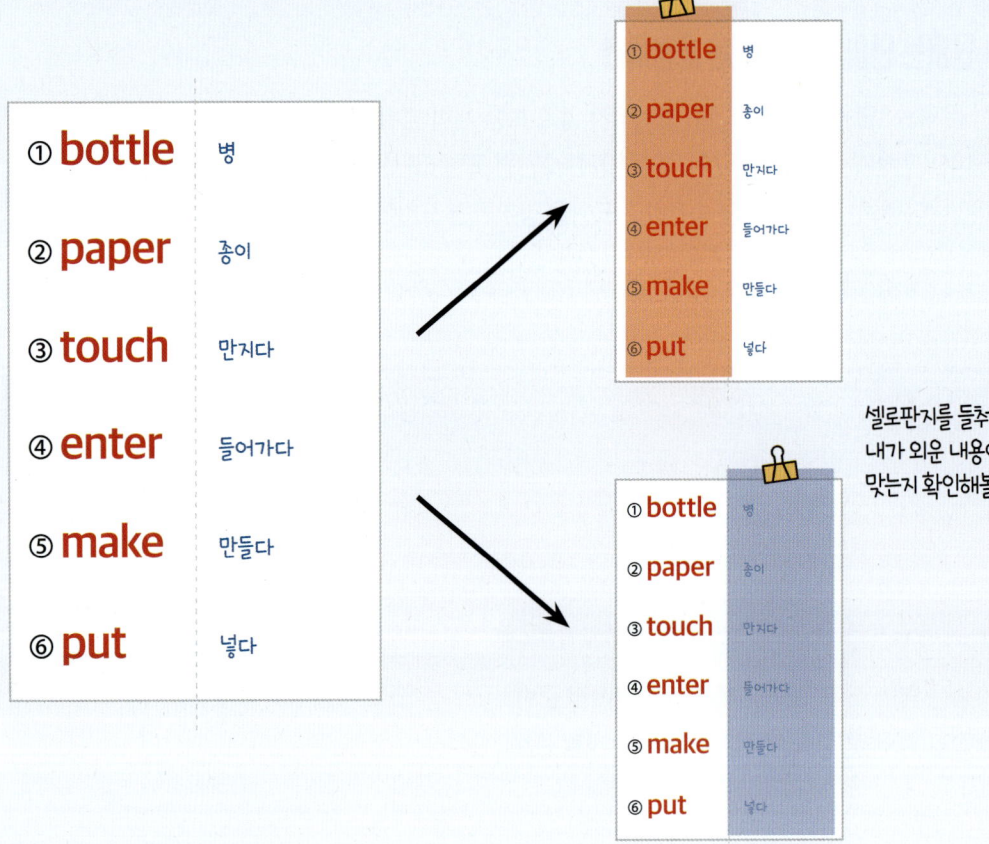

셀로판지를 들춰서 내가 외운 내용이 맞는지 확인해볼 수 있어.

노트 접기를 활용해
단어를 암기해요

셀로판지가 없는 경우 노트 접기를 활용해 단어나 어구, 표현을 정리할 수 있습니다.

① 노트 왼쪽 면을 기준으로 노트를 아래의 그림처럼 두 번 접었다가 폅니다.

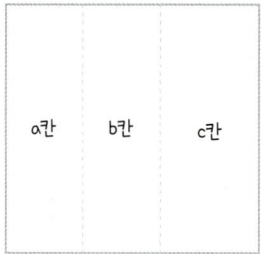

② 접힌 부분 중 b칸과 c칸에 각각 단어와 뜻을 씁니다. 필요에 따라 순서를 바꾸어 뜻을 b칸에 쓰고 단어를 c칸에 쓸 수 있습니다.

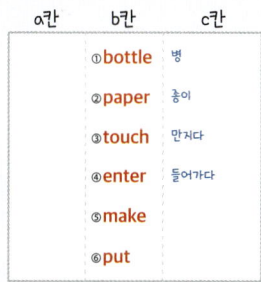

③ a칸을 접어 b칸이 보이지 않도록 합니다.

④ c칸에 적힌 단어나 뜻을 보고 가려진 부분의 내용을 맞추어 봅니다.

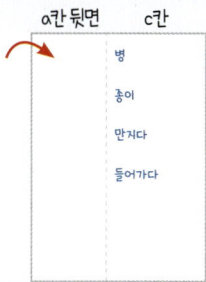

⑤ 필요에 따라 접힌 a칸의 뒷면에 외운 것을 써볼 수 있습니다.

PART 4

온라인 수업 완벽 대비 특강

수업 참여 방법과 스마트패드 활용법

> 🎯 코로나 19로 인해 등교 개학이 연기되면서 우리는 온라인 수업이라는 사상 초유의 사태를 경험하게 되었습니다. 미처 예기치 못한 상황에서, 교사와 학생이 서로 만나지 않고 온라인 매체를 활용해 수업을 진행하는 것은 모두에게 낯설고 어려운 일이었습니다.
> 이런 상황 속에서 공부의 흐름을 놓치지 않는 온라인 수업을 위해 우리는 어떤 준비를 하면 좋을까요?

❶ 첫째, 자기 주도적 학습 습관을 길러야 합니다

흔히 공부를 잘하는 학생은 바로 '스스로 알아서 하는 학생'이라고 합니다. 교사와 대면하지 않는 상황에서 수업에 집중하고 스스로 공부한 내용을 정리하기란 쉽지 않습니다. 수업에 오롯이 몰입하며 그 내용을 정리하고, 모르는 것을 적어 두었다가 선생님께 따로 여쭈어보는 습관을 기르는 가장 좋은 방법은 바로 '노트 필기'입니다. 나만의 노트를 만들어 온라인 수업에 활용해봅시다.

❷ 둘째, 온라인 수업에서 활용하는 매체에 대해 이해해야 합니다

온라인 수업에서 활용하는 매체는 학교마다 다르고 종류도 매우 다양합니다. 많은 학생이 이러한 매체 활용에 어려움을 겪어 온라인 수업에 두려움을 느끼기도 합니다. 그러나 학생 대부분이 이미 핸드폰이나 태블릿 등 온라인 기기 조작에 익숙하며, 수업에 활용되는 매체 또한 조작 방법이 간단하여 이를 한 번 익혀 두면 편리한 경우가 많습니다. 학교에서 주로 사용하는 온라인 수업 매체를 이해하고 이를 100% 활용하여 효율적인 온라인 수업에 참여해봅시다.

온라인 수업, 이런 점이 달라요

온라인 수업은 기존의 전통적인 수업 방식과 다른 점이 있습니다.

- 컴퓨터를 활용해야 했던 탐구·조사 과제는 온라인 수업을 들으면서 앉은 자리에서도 해결할 수 있게 되었으며, 쌍방향 온라인 수업의 경우 교실의 공간적 제약을 넘어 그룹 활동과 토의 활동을 할 수 있습니다.
- 온라인 수업을 듣는 동안 수업 진행 속도가 너무 빨라 필기하기 어려운 경우, 문제 해결 방법을 배우기 전 먼저 문제를 풀 시간을 확보하고 싶은 경우에는 원하는 부분에서 수업을 멈추고 스스로 공부할 수 있다는 장점도 있습니다.
- 수업 중 이해가 가지 않는 부분이 있다면 언제든 다시 접속하여 들을 수 있으며, 내가 업로드한 과제의 기록과 보관이 쉬워 이를 통해 효율적인 복습을 할 수 있습니다.

본 챕터에서는 온라인 수업에서 활용하는 매체의 사용법과 스마트패드를 활용한 노트 필기를 소개합니다. 효율적으로 사용하면 자기 주도 학습능력을 발전시킬 기회가 될 수 있는 온라인 수업! 함께 시작해봅시다.

온라인 수업 완전 정복
ZOOM으로 수업 참여하기

ZOOM은 쉽게 화상으로 대화하고 의견을 나눌 수 있는 온라인 화상 회의 도구입니다. 선생님과 친구들이 함께 실시간으로 얼굴을 보며 대화 할 수 있고 서로의 화면을 공유할 수 있습니다. ZOOM으로 수업에 참여할 때는 별도의 회원가입이 필요하지 않습니다.

ZOOM 설치부터 수업 참여까지의 과정을 한 번 알아볼까요?

STEP 1 ZOOM 설치하기 (PC 또는 노트북 권장, 데스크탑은 웹캠, 마이크 필요)

■ **ZOOM 회의 참가 준비하기**
- 마이크와 웹캠이 정상 작동하는지 확인합니다.
- 검색창에 ZOOM을 검색하여 ZOOM 사이트에 접속합니다.
- 사이트 주소 : https://zoom.us
- 선생님께서 ZOOM 회의 **참여링크**를 보냈을 경우 참여링크를 클릭하면 바로 접속이 됩니다.
- 모바일에서도 접속이 가능합니다. 스토어에서 ZOOM을 검색해서 애플리케이션을 설치하면 됩니다.

STEP 2 회의 참가하기(링크 클릭 또는 회의 ID 입력)

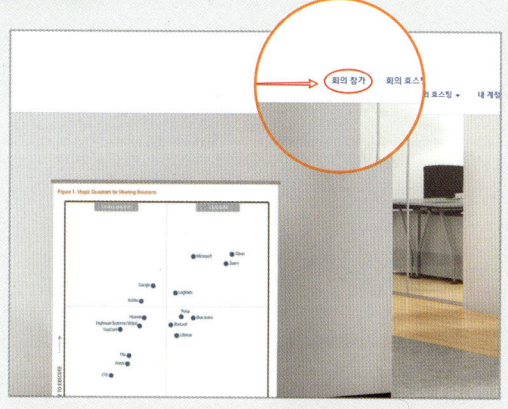 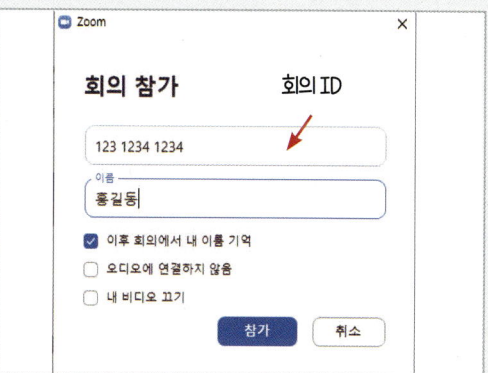

■ ZOOM 회의 참가하기 ❶
- 오른쪽 상단에 **회의 참가 버튼**을 클릭합니다.
- 선생님께서 회의 **참가 번호(11자리)**를 알려주실 경우 **회의ID 또는 개인 링크 이름**이 적힌 곳에 **참가 번호(11자리)**를 입력합니다.
  예) 참가 번호 (123 1234 1234)
- 이름에는 반드시 자신의 이름을 적고 참가 버튼을 클릭합니다.

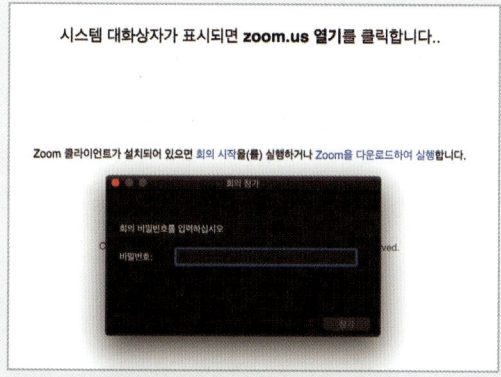 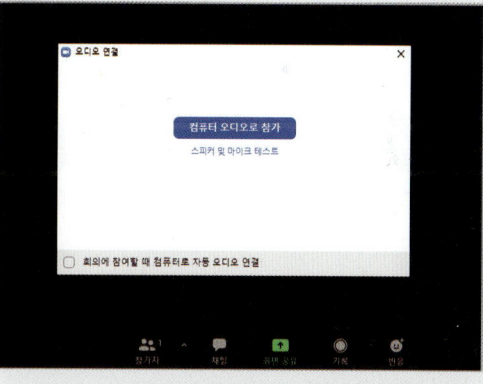

■ ZOOM 회의 참가하기 ❷
- 회의 비밀번호가 있을 경우 회의 비밀번호를 입력한 후 회의 참가 버튼을 클릭합니다.
- 회의에 참여할 때 **컴퓨터 오디오로 참가**를 클릭해야 선생님께서 하시는 말씀을 들을 수 있습니다.

STEP 3 ZOOM 설정하기

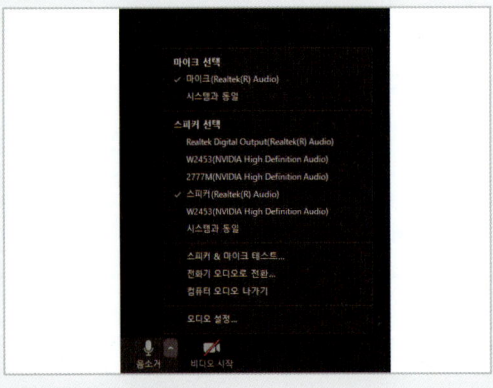

■ ZOOM 설정하기

- 음소거 아이콘 ![음소거] 를 클릭하면 음소거 아이콘에 빨간색 대각선 줄 아이콘 ![음소거 해제] 이 생기면서 여러분의 목소리가 상대방에게 들리지 않습니다.
- 음소거 아이콘 옆에 ![음소거] ^를 클릭하면 음소거가 되지 않고, 마이크와 스피커를 선택하는 창이 뜹니다.
- 내 얼굴이 나오지 않을 경우 비디오 시작 ![비디오 시작] 버튼을 눌러서 비디오 시작 아이콘 ![비디오 시작] 에 빨간색 대각선 줄이 사라지게 해야 합니다.
- 상대방 소리가 들리지 않을 경우 컴퓨터 화면 오른쪽 하단에 스피커 모양 아이콘을 클릭하여 볼륨을 조절합니다.

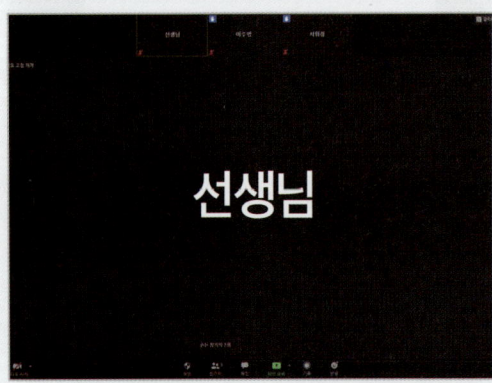
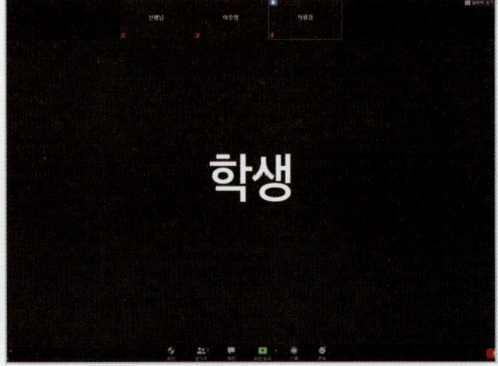

■ 화면 고정하기

- 화면 상단에 여러 화면 중에서 선생님 화면을 클릭합니다.
- 선생님 화면을 고정해서 수업에 참여하면 수업에 집중할 수 있습니다.
- 친구의 발표 또는 친구의 화면 공유를 보기 위해서는 해당 친구의 화면을 클릭하면 됩니다.

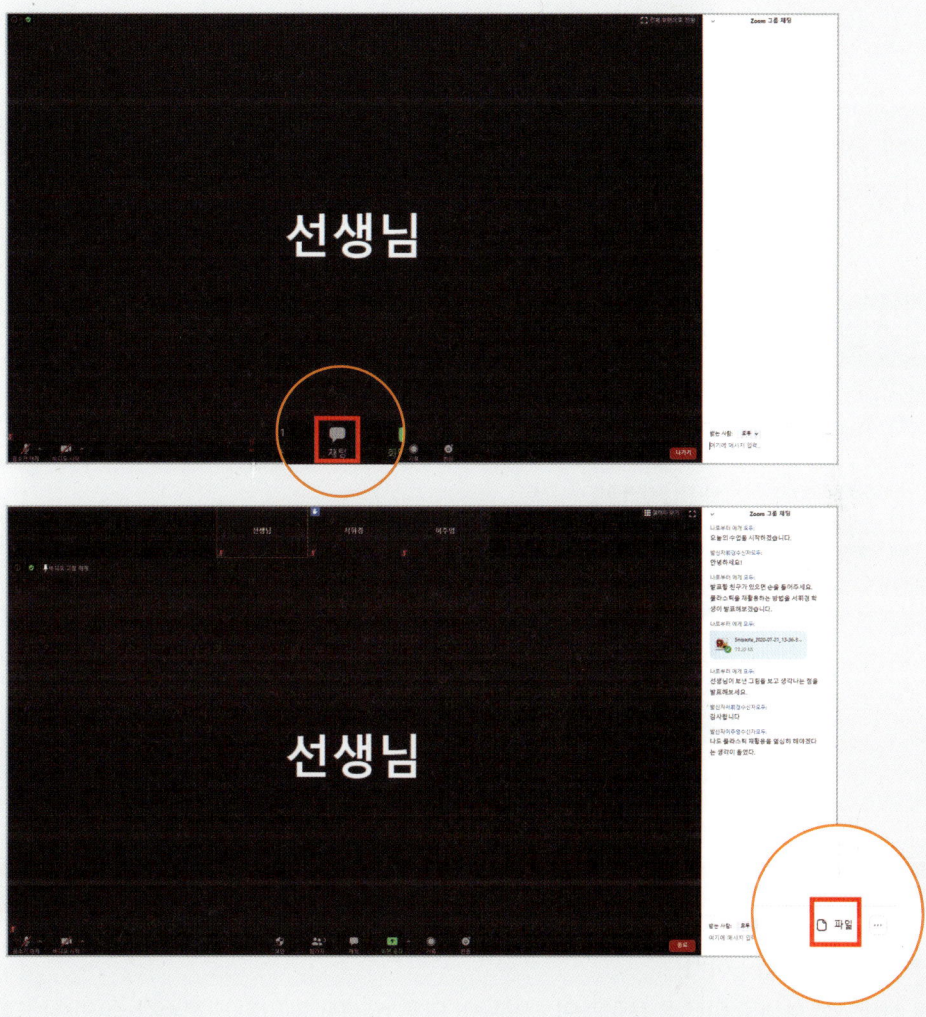

■ ZOOM에서 채팅하기
- 화면 하단에 채팅을 누르면 화면 오른쪽에 채팅창이 나타납니다.
- 채팅창에서 수업 참가자들과 대화를 나눌 수 있습니다.
- 채팅창 아래 파일을 클릭하면 그림, 문서를 채팅창에 업로드 또는 다운로드 할 수 있습니다.

온라인 수업 완전 정복
padlet으로 수업 참여하기

padlet은 담벼락과 같은 공간에 글, 그림, 영상 등을 기록할 수 있게 해줍니다. 친구들과 함께 공동작업이 가능하고 서로의 생각과 의견을 쉽게 공유할 수 있게 도와줍니다. 선생님께서 준비한 수업 자료를 글, 그림, 영상 등을 통해 확인하고 수업에 참여할 수 있습니다.

STEP 1 padlet 접속하기

■ padlet에 접속하기
- 선생님이 보내준 링크를 클릭하면 선생님이 만든 padlet 페이지에 접속할 수 있습니다.
- 나만의 padlet를 만들기 위해서는 http://ko.padlet.com에 접속해서 회원가입 후 이용하면 됩니다.
- 선생님이 준비한 수업의 흐름을 확인할 수 있습니다.

STEP 2 글쓰기 방법과 기능 알아보기

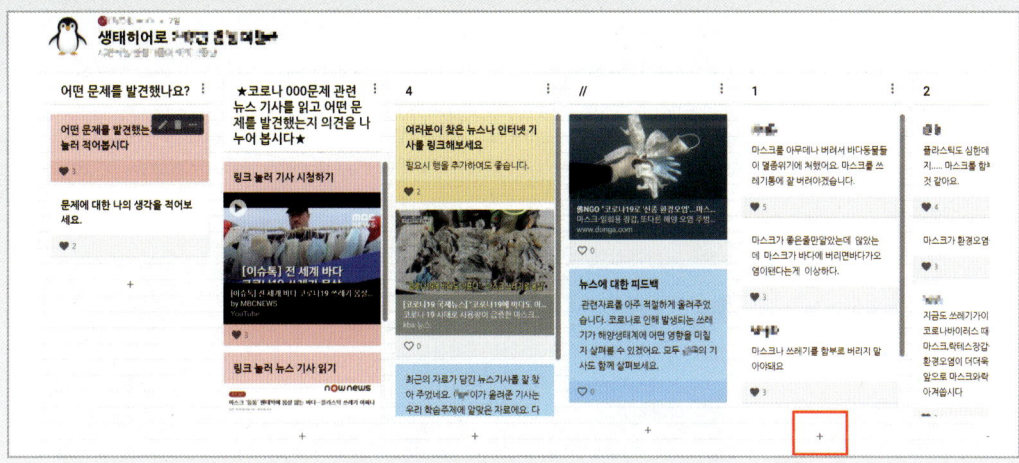

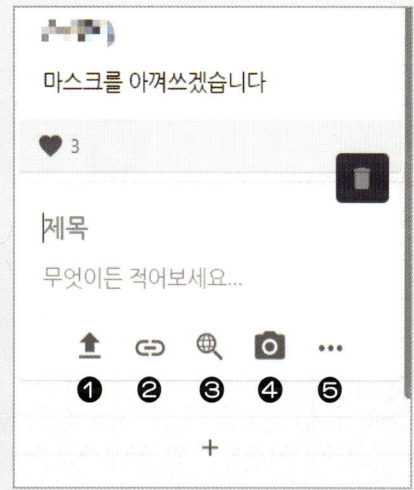

■ padlet 글쓰기 방법과 기능
- padlet 화면에서 + 버튼을 클릭하면 글쓰기 창이 나타납니다.
- [제목]에는 본인 이름 또는 글 제목을 적으면 됩니다.
- [무엇이든 적어보세요...]에는 글, 그림, 영상, 자료 등을 첨부할 수 있습니다.
- ❶번을 클릭하면 파일을 첨부할 수 있습니다.
- ❷번을 클릭하면 링크를 넣을 수 있습니다.
- ❸번을 클릭하면 이미지, 비디오 GIF, 오디오, 웹사이트 등을 검색하고 결과를 넣을 수 있습니다.
- ❹번을 클릭하면 사진을 찍고 내용에 첨부할 수 있습니다.
- ❺번을 클릭하면 다양한 기능을 활용할 수 있는 창이 나타납니다.

■ padlet에 다양한 기능

- ❺번을 클릭하면 위와 같은 창이 뜹니다.
- 내 컴퓨터 파일을 업로드 할 수 있습니다.
- URL을 입력해서 링크를 걸 수 있고, Google을 활용해서 검색할 수 있습니다.
- 스냅으로 사진을 찍을 수 있고, 필름은 카메라에서 비디오를 캡처할 수 있습니다.
- 음성을 통해서 내 목소리 등을 녹음해서 업로드 할 수 있습니다.
- 화면을 누르면 내 컴퓨터 화면을 녹화할 수 있습니다.
- 그리기를 누르면 화면에 그림을 그릴 수 있는 창이 뜹니다.

STEP 3 친구의 글에 반응 표시하고 댓글 쓰기

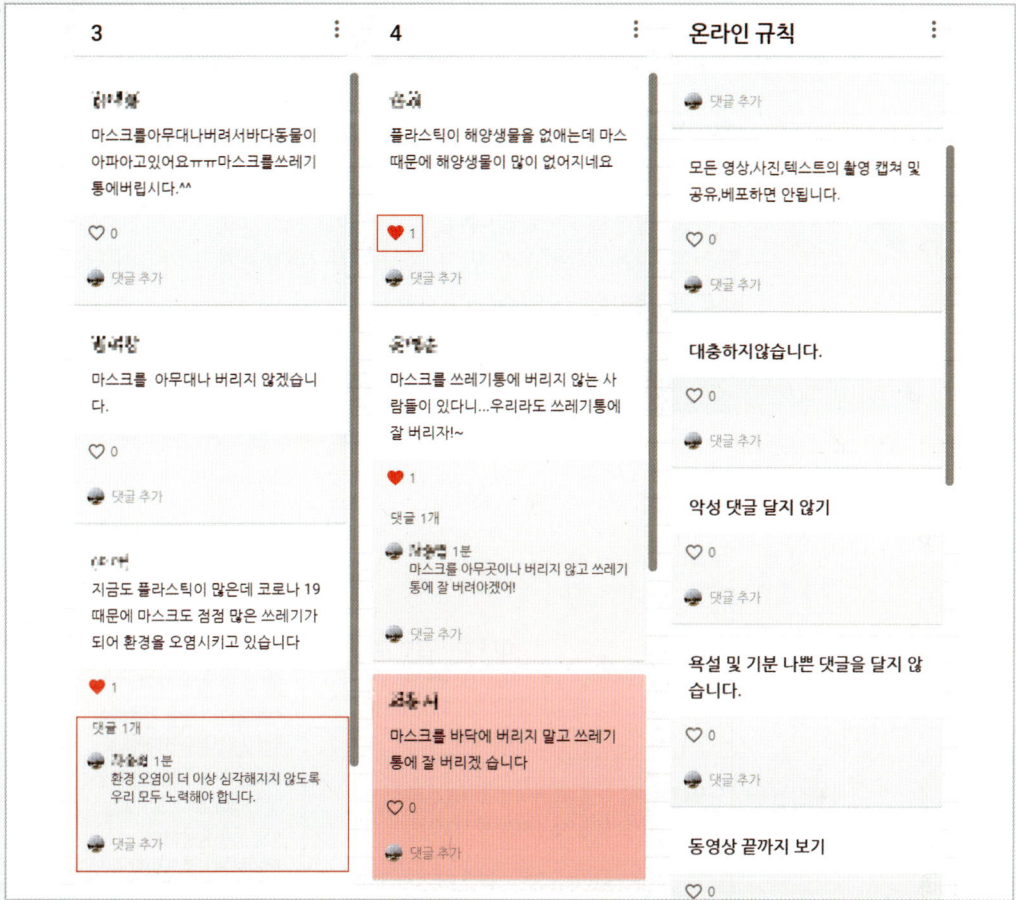

■ **친구의 글에 반응 표시하고 댓글 쓰기**
- ♥ 표시를 클릭하면 좋아요 기능을 사용할 수 있습니다.
- ♥ 표시 옆에 숫자가 좋아요를 누른 사람의 수를 나타냅니다.
- 선생님이 해당 기능을 padlet에 허용했을 경우만 사용이 가능합니다.
- 친구의 글에 댓글을 달 수 있습니다.

태블릿 활용 완전 정복
굿노트앱 활용하기

- iOS 운영체제에서 지원하는 유료 앱입니다.
- 필기, 형광펜표시뿐만 아니라, 텍스트와 사진 삽입 등의 기능을 활용할 수 있습니다.
- 틀려도 쉽게 수정할 수 있고 복사하기, 붙여넣기가 가능해서 빠르게 정리할 수 있습니다.

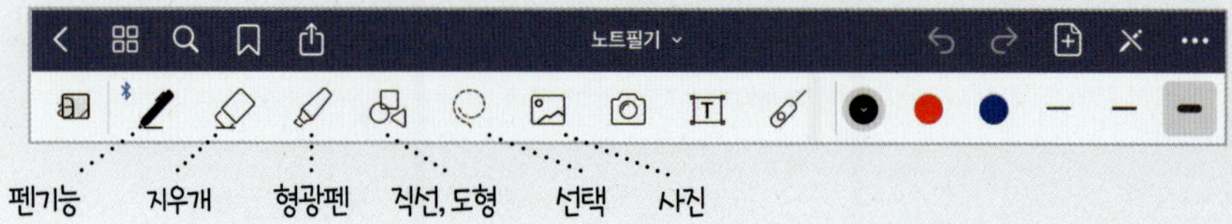

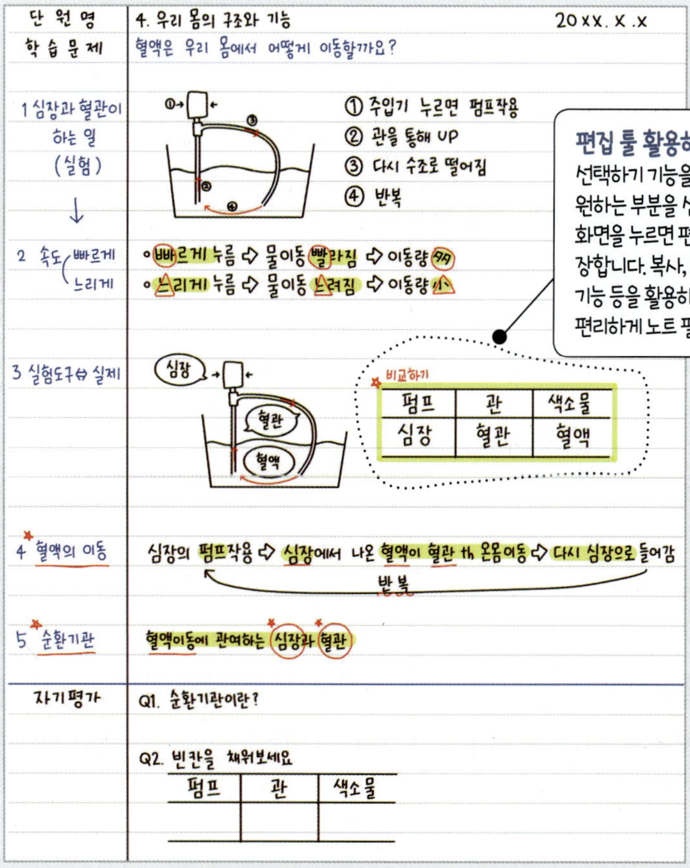

태블릿 활용 완전 정복

아이패드 메모앱 활용하기

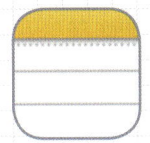
- iOS 운영체제에서 지원하는 무료 앱입니다.
- 연필과 펜을 활용한 필기, 자 기능을 활용한 표 그리기, 투명도 조절을 통한 강조표시 등을 활용할 수 있습니다.

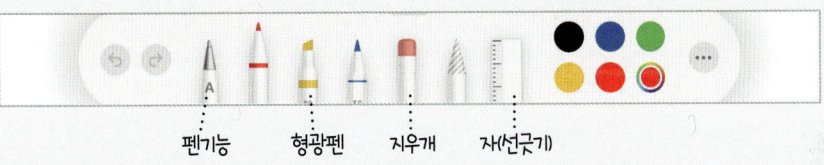

펜기능 / 형광펜 / 지우개 / 자(선긋기)

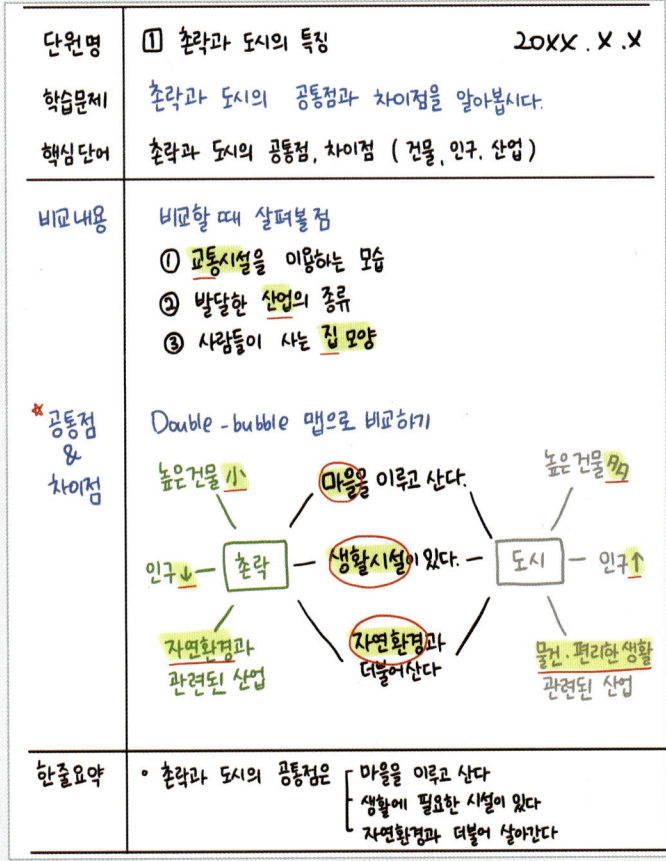

태블릿 활용 완전 정복

갤럭시탭
S노트앱 활용하기

 - Android 운영체제(삼성)에서 지원하는 무료 앱입니다.
- S펜, 텍스트 기능, 복사하기, 붙여넣기 등의 기능을 활용하여 노트 필기를 할 수 있습니다.

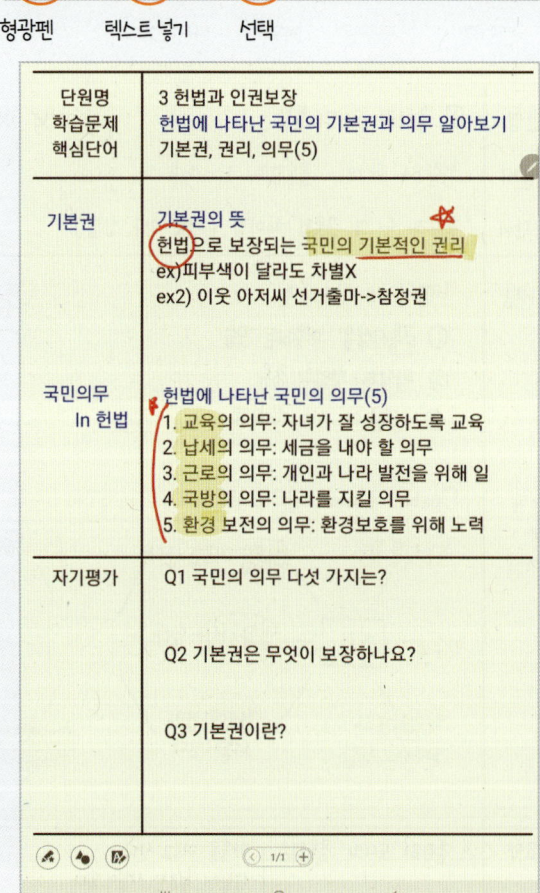

감사의 글

　초등학교 때부터 저의 꿈은 교사였습니다. 꿈을 이루기까지 한결같이 저를 믿어주고 사랑해주신 부모님, 그리고 고민이 있을 때마다 제 일처럼 나서 아낌없이 조언해준 동생에게 감사의 마음을 전합니다. 또한, 첫 발령부터 지금까지 깊이 고민하며 교사로서 더욱 단단해질 수 있게 만들어준 나의 아이들에게 고맙다는 말을 전하고 싶습니다. 이 책은 제가 그동안 만나고, 앞으로 만날 아이들을 생각하며 집필했습니다. 단지 목적지만을 바라보고 달리는 것이 아니라 달리는 과정 자체를 가치 있게 느낄 수 있는 사람으로 자라길 바랍니다.
　교사로서 다양한 기회에 도전할 수 있게 손을 내밀어 주신 김차명 장학사님, 옆에서 항상 든든한 힘이 되어주는 참쌤스쿨 멤버들과의 소중한 인연 잊지 않겠습니다. 마지막으로 늘 긍정적인 피드백과 아낌없는 지원을 해주신 멀리깊이 박지혜 대표님, 서로 다독이며 함께 달려온 좌승협, 이윤희, 이주영 선생님 고맙습니다.

　　　　　　　　　　　　　　　　　　　　　　　　　　　　　서희경

　2020년, 모두가 그 어느 때보다도 어려운 상황을 지나고 있습니다. 먼저 이 어려운 상황을 헤쳐나갈 수 있도록 애써주시는 모든 분께 감사의 마음을 전합니다. 곧 익숙하던 일상으로 돌아가길 간절히 바라며, 도움이 필요한 제자들에게 이 책이 작은 힘이 되길 빕니다.
　원고를 쓰고 있을 때면 옆에서 묵묵히 응원해주시던 부모님과 시원한 커피를 챙겨주던 하나뿐인 동생, 그리고 막히는 부분이 있을 때마다 조언을 아끼지 않았던 따뜻한 사람 덕분에 탈고할 수 있었습니다. 더 좋은 책을 만들고자 같이 밤을 새웠던 저자 선생님들, 함께여서 참 좋았습니다. 교사로서 힘들고 지칠 때 만난 김차명 장학사님과 참쌤스쿨 멤버들 덕분에 끊임없이 고민하는 교사가 되었습니다. 자주 볼 수는 없지만 늘 응원하는 참쌤스쿨 3기 멤버들 오래 오래 보았으면 합니다. 마지막으로 이 책이 출간될 수 있도록 끝까지 애써주신 멀리깊이 박지혜 대표님 고맙습니다.

　　　　　　　　　　　　　　　　　　　　　　　　　　　　　이윤희

　제가 무엇을 하든 긍정적인 지지를 보내주시고 무한한 사랑을 보내주시는 이찬규 (前)교장 선생님과 노수자 원장 선생님, 제 삶에 가장 큰 중심 쌍둥이 이하영 선생님에게 고맙고 사랑한다는 말을 전하고 싶습니다. 저를 멋진 사람으로 키워주신 이모와 할아버지께도 감사 말씀 전합니다. 교사로서의 삶의 방향을 고민하게 해주시고, 다양하고 마음 벅찬 일에 도전하게 해주시는 참쌤스쿨 대표님과 멤버들에게도 항상 고맙습니다. 특히 제가 흔들릴 때마다 저를 다독여주었던 5기 멤버들의 응원은 큰 힘이 되었습니다.
　좋은 책을 기획해주신 멀리깊이 대표님, 그리고 이 책을 함께 가꾸어간 공동 저자 선생님들께도 감사 말씀을 드립니다. 좋은 책을 만들기 위해 밤새 같이 고민한 시간 잊지 못할 것 같습니다. 마지막으로 아이들의 작은 성장이 교사를 빛나게 한다고 생각합니다. 가르침의 길을 함께 고민하며 교직 생활에 큰 힘이 되어주는 성실이 선생님들 그리고 이 길이 의미 있고 옳다는 것을 보여주었던 나의 제자들에게 고마움을 전합니다.

　　　　　　　　　　　　　　　　　　　　　　　　　　　　　이주영

　저는 인연이라는 말을 좋아합니다. 우연히 김차명 장학사님을 만나 참쌤스쿨 5기가 됐고, 참쌤스쿨의 여러 선생님과 인연을 맺었습니다. 여러 선생님의 도움 덕분에 다양한 일을 하고, 많은 사람과 인연을 맺을 수 있었습니다. 새로운 인연으로 만난 멀리깊이 박지혜 대표님의 아이디어를 통해서 이 책을 쓸 수 있었습니다. 이 책이 나오기까지 가장 애쓰신 대표님께 고맙습니다. 이 책의 저자 선생님들과의 인연은 제게는 너무나 소중합니다. 부족한 저를 이끌어주고 믿어준 덕분에 이 책이 나오게 됐습니다.
　마지막으로 제 아내 지현, 딸 혜진이, 혜윤이와 부모님 그리고 동생 승문이에게 항상 고맙습니다. 그리고 제가 선생님이라는 큰일을 할 수 있게 응원해준 감경준, 장기재, 김승환, 이강민, 김범진, 김하나 선생님께 이 자리를 빌려 고맙다는 말을 전하고 싶습니다.

　　　　　　　　　　　　　　　　　　　　　　　　　　　　　좌승협

학생들이 직접 필기해봤습니다

"선생님이 알려주신 방법으로 필기를 해보니 예전보다 필기하는 시간이 짧아졌다. 그래서 전에 필기했던 것보다 손목이 덜 아팠다. 그리고 내용도 더 보기 쉬워졌다. 예전 필기처럼 줄글이 아닌 여러 기호를 사용하여 중요한 부분만 필기했고, 포스터잇도 사용해서 좋았다."

이 책을 읽기 전   이 책을 읽고 난 후

> 옛날에 했던 방법보다 눈에 더 잘 들어오고 중요한 내용을 쉽게 이해할 수 있었다. 또 복습하기도 쉬웠다. 그리고 내용을 여러 가지 방법으로 이해하니 도움이 많이 되었다. 너무 좋은 방법이다.

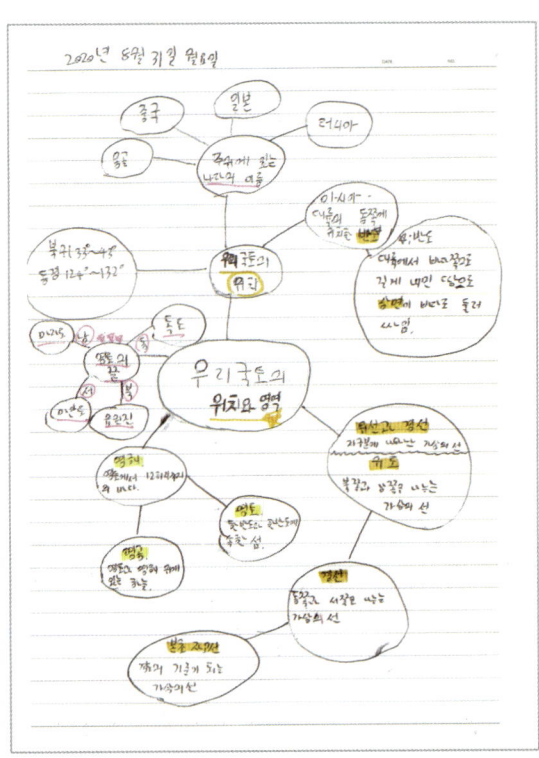

이 책을 읽기 전

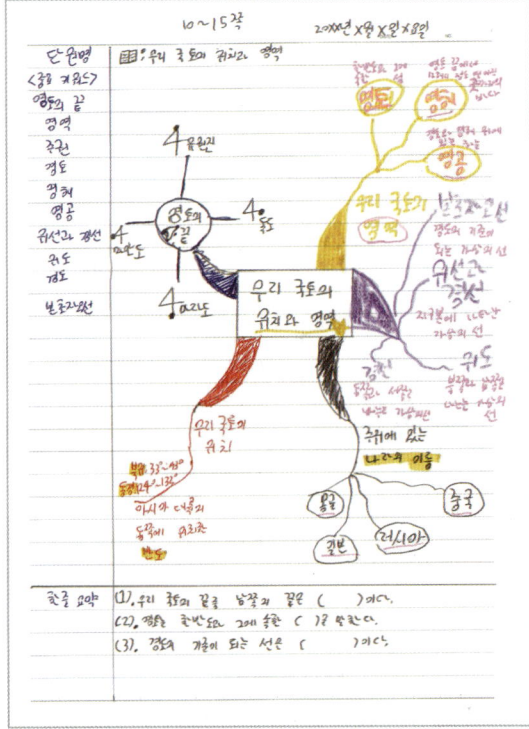

이 책을 읽고 난 후

교과서 이미지 출처

국어	4학년	1학기	8. 이런 제안 어때요	240-241	미래엔	
	5학년	1학기	6. 토의하여 해결해요	188-189, 194-195	미래엔	
	6학년	1학기	2. 이야기를 간추려요	62-63, 69, 71	미래엔	
수학	6학년	2학기	1. 분수의 나눗셈	14, 15	비상교육	참고한 년도는 천재교육이지만 2020년부로 비상교육에서 출판중
	5학년	1학기	6. 다각형의 둘레와 넓이	107, 108	비상교육	참고한 년도는 천재교육이지만 2020년부로 비상교육에서 출판중
	3학년	2학기	5. 들이와 무게	109, 110	비상교육	참고한 년도는 천재교육이지만 2020년부로 비상교육에서 출판중
사회	5학년	1학기	1. 우리 국토의 위치와 영역	교과서 13~15	지학사	
	5학년	2학기	2. 새로운 사회를 향한 움직임	교과서 89, 90	지학사	
	6학년	1학기	1. 민주 정치의 원리와 국가 기관의 역할	교과서 65~67	지학사	
과학	5학년	1학기	2. 온도와 열	교과서38,39 실험관찰 19	천재교과서	
	4학년	2학기	4. 화산과 지진	교과서86,87 실험관찰 44	천재교과서	
영어	4학년		4. Don't run	교과서 39	천재교육(함)	디지털 교과서 캡쳐
	5학년		13. where is the gift shop?	160-161	YBM(김)	
	6학년		3. My favorite subject is science.	38-39	YBM(김)	

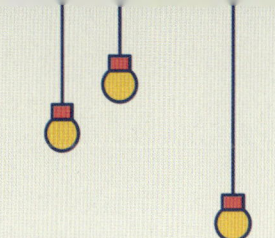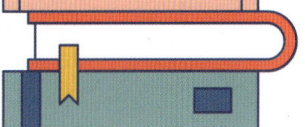

온라인 수업에서 자기 주도 학습까지
초등 노트 필기의 기술
ⓒ 서휘경, 이윤희, 이주영, 좌승협

초판 1쇄 발행 2020년 10월 28일
초판 15쇄 발행 2025년 10월 27일

지은이 서휘경, 이윤희, 이주영, 좌승협
펴낸이 박지혜

기획·편집 박지혜
디자인 design S(권민지)
제작 제이오

펴낸곳 ㈜멀리깊이 **출판등록** 2020년 6월 1일 제406-2020-000057호
주소 10881 경기도 파주시 회동길 37-20, 202호
전자우편 murly@murlybooks.co.kr
편집 070-4234-3241

인스타그램 @murly_books

ISBN 979-11-971396-6-6 13590

* 이 책의 판권은 지은이와 ㈜멀리깊이에 있습니다.
* 이 책 내용의 전부 또는 일부를 재사용하려면 반드시 양측의 서면 동의를 받아야 합니다.
* 인쇄·제작 및 유통상의 파본 도서는 구입하신 서점에서 바꿔드립니다.